图书在版编目（CIP）数据

固定资产投资项目节能评估报告编制指南．水力发电项目风力发电项目/国家发展和改革委员会资源节约和环境保护司，中国国际工程咨询公司编．—北京：中国计划出版社，2014.11
ISBN 978-7-5182-0010-8

Ⅰ.①固… Ⅱ.①国… ②中… Ⅲ.①固定资产投资—投资项目—节能—评估—中国—指南②水力发电工程—投资项目—节能—评估—中国—指南③风力发电—投资项目—节能—评估—中国—指南 Ⅳ.①F832.48-62

中国版本图书馆CIP数据核字（2014）第147178号

固定资产投资项目节能评估报告编制指南系列丛书

水力发电项目

风力发电项目

（2014年版）

国家发展和改革委员会资源节约和环境保护司
中　国　国　际　工　程　咨　询　公　司　编

中国计划出版社出版
网址：www.jhpress.com
地址：北京市西城区木樨地北里甲11号国宏大厦C座3层
邮政编码：100038　电话：（010）63906433（发行部）
新华书店北京发行所发行
三河富华印刷包装有限公司印刷

787mm×1092mm　1/16　9.5印张　135千字
2014年11月第1版　2014年11月第1次印刷
印数1—6000册

ISBN 978-7-5182-0010-8
定价：32.00元

本书编委会

主　　审： 何炳光　杨东民

主　　编： 谢　极　王善成　朱黎阳

副 主 编： 陆新明　金明红　张英健

编　　委： 于瀚尧　梁　双

编写人员：（按姓氏笔画排序）

刘玉洁　闫树芳　论立勇　李志强　李　静
杨　宏　张万青　张宾儒　徐春方　崔丽丽
韩明霞　程宇鹏

序

资源节约是我国的一项基本国策，“十一五”以来，我国将节能目标作为约束性指标纳入国民经济社会发展规划，采取一系列政策措施，推动节能工作取得了显著成效。党的十八大将生态文明建设放在突出地位，纳入“五位一体”总布局，作出推动能源生产和消费革命的重大部署，要求深入推进节能减排。习近平总书记2014年6月13日在中央财经领导小组第六次会议上强调，要坚决控制能源消费总量，有效落实节能优先方针，把节能贯穿于经济社会发展全过程和各领域。

节能评估审查是法律明确赋予的行政许可事项，是从源头上提高能效、控制能源消费总量的重要手段。据不完全统计，能评制度从2010年11月1日实施以来，已从源头核减不合理用能达5500万吨标准煤，为推动我国节能工作发挥了重要作用。同时，由于能评制度实施时间不长，实践中还存在社会认知度低、节能评估报告编制质量不高、能评报告编制标准和指南不健全等问题。

为完善能评支持体系建设，国家发展改革委环资司组织中国国际工程咨询公司，认真总结分析了近年来节能评估和审查的工作经验，编写了“固定资产投资项目节能评估报告编写指南系列丛书”（简称《指南系列丛书》），将多年的工作经验与能评工作者分享，希望对相关人员有所指导和帮助。

《指南系列丛书》首批出版的公共建筑、水运工程、热电联产、煤矿及选煤厂、风力发电、水力发电项目等六个领域的丛书，内容丰富、贴近工作实际，具有较强的适用性，可以更好地指导能评报告的编制和评审工作，有助于推动能评工作走向规范化、专业化。

解振华

编写说明

《固定资产投资项目节能评估报告编制指南系列丛书》自2012年启动以来，总结了固定资产投资项目节能评估与审查制度实施以来的大量评估与审查经验，先行完成了矿井与选煤厂、燃煤热电联产、水力发电、风力发电 、公共建筑、水运工程等六个行业的节能评估报告编制指南。

本书是《固定资产投资项目节能评估报告编制指南系列丛书》之一，着重讨论水力发电项目、风力发电项目节能评估报告的编制方法和深度要求。

水力发电、风力发电是我国重点发展的可再生能源领域，是实现节能降耗、低碳发展的重要途径。预计“十三五”期间，新增水电装机容量6000万千瓦、新增风电装机容量1亿千瓦，占新增总发电装机容量的20%以上。虽然可再生能源发电不消耗化石能源，但从电力使用的角度来看，可再生能源发出的电力与化石能源所发的电力并无本质差别，加工转换过程中多生产一度电，输送、分配和使用过程中多节约一度电，就少消耗一部分化石能源，其节能降耗工作同等重要。

我们在认真总结水力发电、风力发电节能评估和审查工作经验的基础上，对百余个项目节能评估报告存在的问题进行梳理，并与行业内权威科研单位、高等院校、设计院等多位知名专家进行了沟通交流，形成了《编制指南》初稿。在随后的水力发电、风力发电项目节能审查工作中进行了近一年的试应用，结合应用过程中广大节能评估单位提出的建议进行了修改完善，最终形成本次书稿。

本《编制指南》立足于水力发电、风力发电项目特点，明确了节能评估的范围、重点、深度、方法和程序。本《编制指南》适用于在我国境内建设的水力发电项目和陆地、海上及潮间带风力发电项目。对编制节能评估报告书更有针对性，编制节能评估报告表和填写登记表时，可参考本书的原则要求和分析思路。

固定资产投资项目节能评估工作尚处于不断探索和完善过程中，限于编者水平有限，不妥和错误之处，敬请批评指正，电子邮箱：nengping@ ciecc. com. cn。

本书编委会
2014 年 8 月

目　　录

水力发电项目篇

风力发电项目篇

水力发电项目篇

水力发电项目节能评估报告
编制指南

（封面）

项 目 名 称（二号黑体）

节能评估报告（一号黑体）

建设单位名称：（小二宋体）

评估单位名称：（小二宋体）

年　　月（三号宋体）

（扉页）

项 目 名 称（二号黑体）

节能评估报告（一号黑体）

建设单位名称：（盖章，小二宋体）

评估单位名称：（盖章，小二宋体）

年　　月（三号宋体）

项目节能评估单位资质

（证明节能评估单位具备相应专业、服务范围和能力水平的文件）

评估人员

	姓名	专业	职称	签字
项目负责人				
技术负责人				
项目组成员				
报告编制人				
报告复核人				
报告审核人				
报告审定人				

项目摘要表

<table>
<tr><td rowspan="10">项目概况</td><td>项目名称</td><td colspan="4"></td></tr>
<tr><td rowspan="2">项目建设单位</td><td colspan="2" rowspan="2"></td><td>联系人及电话</td><td></td></tr>
<tr><td>传真</td><td></td></tr>
<tr><td rowspan="2">节能评估单位</td><td colspan="2" rowspan="2"></td><td>联系人及电话</td><td></td></tr>
<tr><td>传真</td><td></td></tr>
<tr><td>项目建设地点</td><td colspan="2">省 市 县（区）</td><td>所属行业</td><td></td></tr>
<tr><td>项目性质</td><td colspan="2">□新建 □改建 □扩建</td><td>总投资</td><td></td></tr>
<tr><td>投资管理类别</td><td colspan="4">□审批 □核准 □备案</td></tr>
<tr><td>项目拟开工
及投产时间</td><td colspan="4"></td></tr>
<tr><td>建设规模和
主要内容</td><td colspan="4"></td></tr>
<tr><td rowspan="13">项目年耗能量</td><td>主要能源种类</td><td>计量单位</td><td>年需要实物量</td><td>折标系数</td><td>折标煤量（tce）</td></tr>
<tr><td rowspan="2">电力</td><td rowspan="2">万 kWh</td><td rowspan="2"></td><td>（当量值）</td><td></td></tr>
<tr><td>（等价值）</td><td></td></tr>
<tr><td>汽油</td><td>t</td><td></td><td></td><td></td></tr>
<tr><td></td><td></td><td></td><td></td><td></td></tr>
<tr><td colspan="3" rowspan="2">年综合能源消费量（tce）</td><td>当量值</td><td></td></tr>
<tr><td>等价值</td><td></td></tr>
<tr><td>耗能工质种类</td><td>计量单位</td><td>年需要实物量</td><td>折标系数</td><td>折标煤量（tce）</td></tr>
<tr><td></td><td></td><td></td><td></td><td></td></tr>
<tr><td></td><td></td><td></td><td></td><td></td></tr>
<tr><td colspan="4">年耗能工质消费总量（tce）</td><td></td></tr>
<tr><td colspan="3" rowspan="2">年耗能总量（tce）</td><td>当量值</td><td></td></tr>
<tr><td>等价值</td><td></td></tr>
</table>

续表

<table>
<tr><td rowspan="3">项目能效指标对比</td><td>项目
指标名称</td><td>本项目
（评估前）</td><td>本项目
（评估后）</td><td>国内
先进水平</td><td>国际
先进水平</td><td>对比
结果</td></tr>
<tr><td>厂用电率（%）</td><td></td><td></td><td></td><td></td><td></td></tr>
<tr><td>综合厂用电率（%）</td><td></td><td></td><td></td><td></td><td></td></tr>
<tr><td rowspan="2">对所在地能源消费影响</td><td>对所在地能源消费增量的影响</td><td colspan="5"></td></tr>
<tr><td>对所在地完成节能目标的影响</td><td colspan="5"></td></tr>
<tr><td colspan="7">节能评估前项目采取的主要节能措施：
(1)
(2)
(3)</td></tr>
<tr><td colspan="7">节能评估前项目建设方案、用能工艺、耗能设备、节能措施等方面存在的主要问题：
(1)
(2)
(3)</td></tr>
<tr><td colspan="7">节能评估提出的主要节能措施及节能效果：
(1)
(2)
(3)</td></tr>
<tr><td colspan="7">项目年节能量（tce）</td></tr>
</table>

目　　录

6 项目能源消费及对所在地影响评估

6.1 项目能源供应及落实情况

6.2 项目对所在地能源消费增量的影响评估

6.3 项目对所在地完成节能目标的影响评估

6.4 本章评估小结

7 结论与建议

7.1 结论

7.2 建议

8 附件

1. 可行性研究报告审查意见
2. 地理位置示意图
3. 对外交通示意图
4. 枢纽总平面布置图
5. 各建筑物布置图
6. 电气主接线图
7. 高压厂用电接线图
8. 永久办公生活区规划总平面图

前　　言

简述项目节能评估的目的、意义、方法及过程。

简述项目建设背景及各项前期工作进展情况。

1　评估内容与依据

1.1　评估范围和内容

以项目投资建设内容为依据明确评估范围和用能系统边界，据此对项目能源消费情况、建设方案、主要工艺能耗情况、主要耗能设备能效水平、节能措施、对所在地能源供应、消费和节能目标的影响等方面开展评估工作。

1.2　评估依据

1.2.1　政策性依据

（1）与节能评估相关的国家法律、法规、规划、行业准入条件、产业政策。

（2）与节能评估相关的地方法规、规划、行业准入条件、产业政策。

（3）节能工艺、技术、装备、产品推荐目录，国家明令淘汰的用能产品、设备、生产工艺等目录。

1.2.2　标准与规范

（1）通用用能标准

（2）节能设计、节能技术与管理相关标准与规范

（3）用能设备能效等级标准

1.2.3　项目支撑性文件

项目可行性研究报告等与项目节能评估相关的支撑性文件。

2　项目概况

2.1　项目建设单位概况

建设单位名称、性质、地址、邮编、法人代表、项目联系人及联系

方式。

项目建设单位成立时间、注册资金、主要经营范围、基本财务指标（总资产、资产负债率、生产经营数据、利税数据等）、股东构成、股权结构比例、项目投资方情况等能够反映项目建设单位总体情况的内容。

2.2 项目基本情况

项目名称，建设地点，项目性质，建设规模及内容；项目建设方案概况；工程特性表；项目实施进度及目前的工作阶段；改、扩建项目需要对前期工程技术方案、用能情况、已采取的节能措施进行说明，分析前期工程存在的问题、节能潜力及改进措施等。

2.3 项目用能概况

项目供电方案（含备用电源）及用电量；用油种类、用途及用油量；水源及用水量等情况。

3 项目建设方案节能评估

3.1 项目选址、总布置节能评估

3.1.1 项目选址节能评估

论述本项目选址情况，对其进行节能评估，并给出评估结论。

3.1.2 总布置节能评估

论述本项目平面、立面布置等方面内容，对其进行节能评估，并给出评估结论。

3.2 主要工艺技术方案节能评估

参照同类型或相近类型项目，对水轮机、发电机的效率进行评估。

对母线、主变压器、高压开关设备及高压引出线等主要用能设备的技术方案、用能情况及先进水平进行评估。

3.3 辅助生产系统节能评估

对水力机械、金属结构、通风采暖、消防及给排水、生产性建筑物照明、厂用电、控制保护、电梯、柴油发电机组等辅助生产系统的技术方案、用能情况及先进水平进行评估。

列出各耗能设备型式、主要技术参数表等，对耗能设备能效水平进行评估，提出评估结论和建议。

3.4 附属生产系统节能评估

对业主营地（含后方基地）的照明、通风采暖、消防及生活给排水、办公生活设施、防护区泵站、运行维护车辆及船只等附属生产系统的技术方案、用能情况及先进水平进行评估。

列出各耗能设备型式、主要技术参数表等，对耗能设备能效水平进行评估，提出评估结论和建议。

3.5 本章评估小结

4 节能措施评估

4.1 节能评估前项目采用的节能技术措施评估

论述开展节能评估工作前项目已采用的、有针对性的、节能效果显著的节能措施并测算其节能量。

4.2 节能评估提出的节能技术措施

依据项目节能评估提出的意见和建议，针对项目在节能方面存在的问题、可以继续提高的环节等，提出相应的节能措施或建设方案调整意见，并测算其节能量。

4.3 节能管理措施

论述项目节能管理、能源计量等方面采取的措施与方案，并进行评估。

4.4 本章评估小结

5 项目综合能耗和能效水平评估

5.1 节能评估前项目综合能耗和能效水平评估

依据相关规定、规范和标准的计算方法，核算节能评估前项目的年综合能源消费量、年综合能耗、厂用电率、综合厂用电率等指标。

5.2 节能评估后项目综合能耗和能效水平评估

（1）核算项目能源消费量和主要能效指标

依据项目节能评估提出的意见和建议、相关规定、规范和标准的计算方法，重新核算项目的年综合能源消费量、年综合能耗、厂用电率、综合厂用电率等指标。

（2）能源加工、转换和利用情况

根据《企业能量平衡网络图绘制方法》（GB/T 28749）和《企业能量平衡表编制方法》（GB/T 28751）分析项目能源加工、转换和利用情况。

5.3 项目能效水平评估

采用标准对照法、类比分析法、专家判断法等方法，通过与现行国家标准、行业标准、地方标准、产业政策规定、行业发布的权威数据或同类先进水平项目的数据进行能耗指标的对比分析，从而评估判断项目能耗指标达到同行业何种水平。

5.4 本章评估小结

6 项目能源消费及对所在地影响评估

6.1 项目能源供应及落实情况

项目电力（备用电源）、燃油、水等供应及落实情况。

6.2 项目对所在地能源消费增量的影响评估

根据项目所在地节能目标、单位地区生产总值能耗、地区生产总值、国民经济发展规划、能源发展规划等资料，计算项目所在地省市两级能源消费增量预测限额。

计算项目综合能源消费量占所在地能源消费增量的比重，分析判断项目综合能源消费量对项目所在地能源消费的影响。

6.3 项目对所在地完成节能目标的影响评估

核算项目工业总产值和工业增加值。

根据项目综合能源消费当量值和等价值，计算单位工业增加值能耗和单位增加值能耗。

对比分析项目单位增加值能耗对项目所在地实现节能目标的影响。

6.4 本章评估小结

7 结论与建议

7.1 结论

参考以下内容进行总结。

（1）项目能源消费总量及结构；

（2）项目主要能效指标评估结果；

（3）项目综合能源消费量及对项目所在地能源消费的影响；

（4）项目单位增加值能耗及对项目所在地节能目标实现的影响；

（5）项目是否符合国家、地方和行业的节能相关法律法规、政策要求、标准规范；有无采用国家明令禁止和淘汰的落后工艺及设备；列出主要用能设备能效水平评估结果；

（6）项目采取的节能措施及效果评价。

7.2 建议

根据节能评估情况，指出项目在建设方案、节能技术和节能管理措施等方面存在的能评阶段无法解决的问题，或对能评阶段无法确定实施、但存在较大节能潜力的节能措施提出相关建议。

8 附件

1. 可行性研究报告审查意见
2. 地理位置示意图
3. 对外交通示意图
4. 枢纽总平面布置图
5. 各建筑物布置图
6. 电气主接线图
7. 高压厂用电接线图
8. 永久办公生活区规划总平面图

水力发电项目节能评估报告
编制指南说明

（封面）

项 目 名 称（二号黑体）

节能评估报告（一号黑体）

建设单位名称：（小二宋体）

评估单位名称：（小二宋体）

年　　月（三号宋体）

（扉页）

项 目 名 称（二号黑体）

节能评估报告（一号黑体）

建设单位名称：（盖章，小二宋体）

评估单位名称：（盖章，小二宋体）

年　　月（三号宋体）

【编制要点】

（1）封皮格式供参考。

（2）项目建设单位（申报单位）和节能评估单位应写明全称，并在扉页加盖单位公章。

（3）节能评估报告日期应以出版日期为准。

项目节能评估单位资质

（证明节能评估单位具备相应专业、服务范围和能力水平的文件）

评估人员

<table>
<tr><th></th><th>姓名</th><th>专业</th><th>职称</th><th>签字</th></tr>
<tr><td>项目负责人</td><td></td><td></td><td></td><td></td></tr>
<tr><td>技术负责人</td><td></td><td></td><td></td><td></td></tr>
<tr><td rowspan="4">项目组成员</td><td></td><td></td><td></td><td></td></tr>
<tr><td></td><td></td><td></td><td></td></tr>
<tr><td></td><td></td><td></td><td></td></tr>
<tr><td></td><td></td><td></td><td></td></tr>
<tr><td rowspan="4">报告编制人</td><td></td><td></td><td></td><td></td></tr>
<tr><td></td><td></td><td></td><td></td></tr>
<tr><td></td><td></td><td></td><td></td></tr>
<tr><td></td><td></td><td></td><td></td></tr>
<tr><td rowspan="2">报告复核人</td><td></td><td></td><td></td><td></td></tr>
<tr><td></td><td></td><td></td><td></td></tr>
<tr><td>报告审核人</td><td></td><td></td><td></td><td></td></tr>
<tr><td>报告审定人</td><td></td><td></td><td></td><td></td></tr>
</table>

【编制要点】

（1）该表供参考，各节能评估单位可根据企业内部质量管理规定填写。

（2）评估人员一般应包括但不限于以下专业：规划、水工、水机、电气、金属结构、暖通、建筑、技经。

项目摘要表

项目概况	项目名称				
	项目建设单位			联系人及电话	
				传真	
	节能评估单位			联系人及电话	
				传真	
	项目建设地点	省　　市　　县		所属行业	
	项目性质	□新建　　□改建　　□扩建		总投资	
	投资管理类别	□审批　　□核准　　□备案			
	项目拟开工及投产时间				
	建设规模和主要内容				
项目年耗能量	主要能源种类	计量单位	年需要实物量	折标系数	折标煤量（tce）
	电力	万 kWh		（当量值）	
				（等价值）	
	汽油	t			
	年综合能源消费量（tce）			当量值	
				等价值	
	耗能工质种类	计量单位	年需要实物量	折标系数	折标煤量（tce）
	年耗能工质消费总量（tce）				
	年耗能总量（tce）			当量值	
				等价值	

续表

<table>
<tr><td rowspan="3">项目能效指标对比</td><td>项目
指标名称</td><td>本项目
（评估前）</td><td>本项目
（评估后）</td><td>国内
先进水平</td><td>国际
先进水平</td><td>对比
结果</td></tr>
<tr><td>厂用电率（%）</td><td></td><td></td><td></td><td></td><td></td></tr>
<tr><td>综合厂用电率（%）</td><td></td><td></td><td></td><td></td><td></td></tr>
<tr><td rowspan="2">对所在地能源消费影响</td><td>对所在地能源消费增量的影响</td><td colspan="5"></td></tr>
<tr><td>对所在地完成节能目标的影响</td><td colspan="5"></td></tr>
<tr><td colspan="7">节能评估前项目采取的主要节能措施
（1）
（2）
（3）</td></tr>
<tr><td colspan="7">节能评估前项目建设方案、用能工艺、耗能设备、节能措施等方面存在的主要问题
（1）
（2）
（3）</td></tr>
<tr><td colspan="7">节能评估提出的主要节能措施及节能效果
（1）
（2）
（3）</td></tr>
<tr><td colspan="7">项目年节能量（tce）</td></tr>
</table>

【编制要点】

（1）项目名称与能评报告封面的项目名称一致。

（2）项目建设单位和节能评估单位名称应填写全称。

（3）联系人为本单位本项目能评工作负责人，联系方式包括固定电话和移动电话。

（4）项目建设地点填写到县（市）一级。

（5）所属行业参照《国民经济行业分类》（GB/T 4754）填写。

（6）项目拟开工及投产时间，参考格式：项目计划于某年某月开工建设，某年某月首台机组建成投产，某年某月全部机组建成投产，建设期多少个月。

（7）建设规模和主要内容，参考格式：

某水电站，为一等大（1）型工程，总库容30亿立方米，具备年调节性能。开发任务为航运、发电，为河床式电站，拟安装8台200MW立轴转桨式水轮发电机组，总装机容量为1600MW，年平均发电量64亿kWh，机组年利用小时数4000h。枢纽工程主要包括挡水坝、泄洪建筑物、发电厂房、开关站、鱼道、库区防洪堤及泵站等。

（8）能源折标系数参考《综合能耗计算通则》（GB/T 2589）。

（9）项目能效指标对比：评估前填写节能评估前本项目各项能效指标，评估后填写经节能评估提出各项节能措施、优化建设方案后本项目的各项能效指标。

（10）对所在地能源消费增量的影响：填写本项目综合能源消费量占项目所在地省、市两级能源消费增量的比例，分析其影响程度。

（11）对所在地完成节能目标的影响：填写本项目单位增加值能源消费量（简称：单位增加值能耗，单位增加值能耗＝项目综合能源消费量（等价值）/项目增加值）对项目所在地单位GDP能耗节能目标的影响。

（12）节能评估前项目采取的主要节能措施：简要列出开展节能评估工作前项目已采用的、有针对性的、节能效果显著的节能措施。

（13）节能评估前项目建设方案、用能工艺、耗能设备、节能措施等方面存在的主要问题：简要列出节能评估过程中发现的项目存在的对厂用电率、综合厂用电率等指标有较大影响的技术方案、设备能效、节能措施等方面存在的问题。

（14）节能评估提出的主要节能措施及节能效果：针对项目存在的问题，简要列出节能评估过程中提出的能够落实采用的、有针对性的、节能效果显著的节能措施及节能效果。

（15）项目年节能量：项目采取的节能技术措施、节能管理措施产生的节能效果。

目　　录

6　项目能源消费及对所在地影响评估

6.1　项目能源供应及落实情况

6.2　项目对所在地能源消费增量的影响评估

6.3　项目对所在地完成节能目标的影响评估

6.4　本章评估小结

7　结论与建议

7.1　结论

7.2　建议

8、附件

1. 地理位置示意图

2. 对外交通示意图

3. 枢纽总平面布置图

4. 各建筑物布置图

5. 电气主接线图

6. 高压厂用电接线图

7. 永久办公生活区规划总平面图

前　言

简述项目节能评估的目的、意义、方法及过程。

介绍项目建设背景及各项前期工作进展情况。

1　评估内容与依据

1.1　评估范围和内容

以项目投资建设内容为依据明确评估范围和用能系统边界，据此对项目能源消费情况、建设方案、主要工艺能耗情况、主要耗能设备能效水平、节能措施、对所在地能源供应、消费和节能目标的影响等方面开展评估工作。

1.2　评估依据

1.2.1　政策性依据

（1）与节能评估相关的国家法律、法规、规划、行业准入条件、产业政策。

（2）与节能评估相关的地方法规、规划、行业准入条件、产业政策。

（3）节能工艺、技术、装备、产品推荐目录，国家明令淘汰的用能产品、设备、生产工艺等目录。

1.2.2　标准与规范

（1）通用用能标准

（2）节能设计、节能技术与管理相关标准与规范

（3）用能设备能效等级标准

1.2.3　项目支撑性文件

项目可行性研究报告等与项目节能评估相关的支撑性文件。

【编制要点】

（1）上述评估依据应列出文件全称。

（2）评估依据要齐全、适用、且为最新版本，文号、标准编号应齐全，编写举例：

《中华人民共和国节约能源法》（国家主席令〔2007〕第77号）

《固定资产投资项目节能评估和审查暂行办法》（国家发展和改革委员会令〔2010〕第6号）

《综合能耗计算通则》（GB/T 2589—2008）。

（3）避免引用无关评估依据。

2　项目概况

2.1　项目建设单位概况

建设单位名称、性质、地址、邮编、法人代表、项目联系人及联系方式。

项目建设单位成立时间、注册资金、主要经营范围、基本财务指标（总资产、资产负债率、生产经营数据、利税数据等）、股东构成、股权结构比例、项目投资方情况等能够反映项目建设单位总体情况的内容。

2.2　项目基本情况

项目名称，建设地点，项目性质，建设规模及内容；项目建设方案概况；工程特性表；项目实施进度及目前的工作阶段；改、扩建项目需要对前期工程技术方案、用能情况、已采取的节能措施进行说明，分析前期工程存在的问题、节能潜力及改进措施等。

【编制要点】

（1）项目建设方案概况应包含工程地质、气象、水能资源、交通运输、电网接入条件等；枢纽布置、主要建筑物布置；水轮机、发电机、主要生产性设备（母线、主变压器、高压开关设备及高压引出线等）、辅助生产系统（水力机械、金属结构、通风采暖、消防及给排水、生产性建筑物照明、厂用电、控制保护、电梯、柴油发电机组等）、附属生产系统（业主营地（含后方基地）的照明、通风采暖、消防及生活给排水、办公生活设施、防护区泵站、运行维护车辆及船只等）等方面内容。

（2）改、扩建项目需要对前期工程的建设方案如装机容量、水轮发电机组型号、主要耗能设备选型、技术方案、采取的节能措施、用能情况、能效指标等进行说明。重点分析前期工程存在的问题、已采取的节能措施、分析节能潜力及改进措施。

2.3 项目用能概况

项目供电方案（含备用电源）及用电量；用油种类、用途及用油量；水源及用水量等情况。

【编制要点】

数据样表见表2－1。

表2－1　项目能源消耗量（样表）

主要 能源种类	计量 单位	实物量	折标系数	折标准煤 （tce）	来源
电力	万kWh				
汽油	t				
…					
综合 能耗	tce	当量值			
		等价值			

3　项目建设方案节能评估

3.1　项目选址、总布置节能评估

3.1.1　项目选址节能评估

论述本项目选址情况，对其进行节能评估，并给出评估结论。

【评估要点】

评估项目选址与流域水电发展规划的符合性。

从水能资源、地形地质、交通运输、电网接入条件、现有设施利用等方面分析项目选址对项目能源消费、输送和供给的影响。

3.1.2 总布置节能评估

论述本项目平面、立面布置等方面内容，对其进行节能评估，并给出评估结论。

【评估要点】

从枢纽布置、功能分区等方面，结合有关设计规范标准，分析判断项目平面、立面布置对站区内能源输送、分配、消费等环节的影响，是否有利于节能、提高能源利用率等。

3.2 主要工艺技术方案节能评估

参照同类型或相近类型项目，对水轮机、发电机的效率进行评估。

对母线、主变压器、高压开关设备及高压引出线等主要生产性设备的技术方案、用能情况及先进水平进行评估。

列出各主要耗能设备型式、主要技术参数表等，对主要耗能设备能效水平进行评估，提出评估结论和建议。

【评估要点】

（1）明确项目工艺流程和技术方案。

（2）工艺流程图应专业、详细。

（3）对照行业规划、准入条件、节能设计标准等，对项目采用的生产工艺方案进行评估，分析生产工艺方案是否节能。

（4）将本项目采用的生产工艺方案与行业内同类型项目的先进方案进行比较，分析在节能方面存在的差异，提出完善生产工艺方案的建议。分析本项目采用的生产工艺方案在行业内所处的地位（技术水平、能耗水平等方面）。

（5）对于扩建项目，评估是否能充分利用前期项目的基础设施和公共设施，避免重复建设。

（6）核算母线、主变压器、高压开关设备及高压引出线等主要用能设备的能耗量，明确计算方法、计算过程、数据来源等。

（7）各项评估内容格式应按照：评估前…．，评估认为（发现存在哪些节能方面的问题）…，评估提出…建议，评估后…调整为…（该建议写入节能评估报告即视为建设单位认可并采用该调整方案，对于没有采用的节能建议但评估单位认为很重要的，应放在第七章建议部分论述）。

（8）对于项目采用的变压器等主要耗能设备，需与国家相关能效标准进行对标分析，评估能效水平（部分样表如下）；明确设备应满足的能效水平。

表 3-1 变压器能效水平对比表（样表）

设备名称	型号	损耗参数		评估依据	对标参数		评估结果
		空载损耗	负载损耗		空载损耗	负载损耗	
主变压器				《电力变压器能效限定值及能效等级》（GB 24790）1级能效值			
…							

（8）对于目前没有相关能效水平标准的设备，应采取类比分析法，与近期投产类似项目相关设备能效水平进行类比分析，或向相关设备生产厂商详细了解设备的能效水平，进而评估分析设备能效处于何种水平。

3.3 辅助生产系统节能评估

对水力机械、金属结构、通风采暖、消防及给排水、生产性建筑物照明、厂用电、控制保护、电梯、柴油发电机组等辅助生产系统的技术方案、用能情况及先进水平进行评估。

列出各耗能设备型式、主要技术参数表等，对耗能设备能效水平进行评估，提出评估结论和建议。

【评估要点】

（1）评估分析项目各辅助生产用能系统（水力机械、金属结构、通风采暖、消防及给排水、生产性建筑物照明、厂用电、控制保护、电梯、柴油发电机组等）方案是否节能。

（2）将本项目采用的辅助生产工艺方案与行业内同类型项目的先进方案进行比较，分析在节能方面存在的差异，提出完善生产工艺方案的建议。分析本项目采用的生产工艺方案在行业内所处的地位（技术水平、能耗水平等方面）。

（3）核算辅助生产系统的能耗量，明确计算方法、计算过程、数据来源等。

（4）内容格式应按照：评估前….，评估认为（发现存在哪些节能方面的问题）…，评估提出…建议，评估后建设方案调整为…（该建议写入节能评估报告即视为建设单位认可并采用该调整方案，对于没有采用的节能建议但评估单位认为很重要的，应放在第七章建议部分论述）。

（5）对于项目采用的厂用变压器、空气压缩机、通风机、水泵、电动机等通用电气设备，需与国家相关能效标准进行对标分析，评估能效水平（部分样表如下）；明确设备应满足的能效水平。

表3－2　变压器能效水平对比表（样表）

设备名称	型号	损耗参数		评估依据	对标参数		评估结果
		空载损耗	负载损耗		空载损耗	负载损耗	
厂用变压器				《三相配电变压器能效限定值及能效等级》（GB 20052）1级能效值			
…							

表3－3　通风机能效水平对比表

设备名称	型式	技术参数	效率（%）	评估依据	评估结果
				《通风机能效限定值及能效等级》（GB 19761）1级能效值（%）	
…	…	…	…	…	…

表 3-4 水泵能效水平对比表

设备名称	型式	技术参数	规定点效率值	评估依据	评估结果
				《清水离心泵能效限定值及节能评价值》(GB 19762)节能评价值(%)	
…	…	…	…	…	…

(6) 对于目前没有相关能效水平标准的设备，应采取类比分析法，与近期投产类似项目相关设备能效水平进行类比分析，或向相关设备生产厂商详细了解设备的能效水平，进而评估分析设备能效处于何种水平。

(7) 列出用能设备能效水平总表。

3.4 附属生产系统节能评估

对业主营地（含后方基地）的照明、通风采暖、消防及生活给排水、办公生活设施、防护区泵站、运行维护车辆及船只等附属生产系统的技术方案、用能情况及先进水平进行评估。

列出各耗能设备型式、主要技术参数表等，对耗能设备能效水平进行评估，提出评估结论和建议。

【评估要点】

(1) 逐项评估分析项目各附属生产用能系统（业主营地（含后方基地）的照明、通风采暖、消防及生活给排水、办公生活设施、防护区泵站、运行维护车辆及船只、建筑节能等）方案是否节能。

(2) 将本项目采用的附属生产工艺方案与行业内同类型企业的先进方案进行比较，分析在节能方面存在的差异，提出完善生产工艺方案的建议。分析本项目采用的生产工艺方案在行业内所处的地位（技术水平、能耗水平等方面）。评估办公楼、生活楼等建筑是否符合国家及地方相关建筑节能标准、规范要求。

(3) 核算附属生产系统的能耗量，明确计算方法、计算过程、数据来源等。

(4) 内容格式应按照：评估前….，评估认为（发现存在哪些节能方面的问题）…，评估提出…建议，评估后建设方案调整为…（该建议写入节能评估报告即视为建设单位认可并采用该调整方案，对于没有采用的节能建议但评估单位认为很重要的，应放在第七章建议部分论述）。

(5) 对于项目采用的厂用变压器、通风机、水泵、电动机等通用电气设备，需与国家相关能效标准进行对标分析，评估能效水平（样表同3.3节）；明确设备应满足的能效水平。

(6) 对于目前没有相关能效水平标准的设备，应采取类比分析法，与近期投产类似项目相关设备能效水平进行类比分析，或向相关设备生产厂商详细了解设备的能效水平，进而评估分析设备能效处于何种水平。

(7) 列出用能设备能效水平总表。

3.5 本章评估小结

4 节能措施评估

4.1 节能评估前项目采用的节能技术措施评估

【评估要点】

根据项目建设方案，重点突出项目在枢纽布置、工艺流程和主要生产性设备（母线、主变压器、高压开关设备及高压引出线等）、辅助生产系统（水力机械、金属结构、通风采暖、消防及给排水、生产性建筑物照明、厂用电、控制保护、电梯、柴油发电机组）、附属生产系统（业主营地（含后方基地）的照明、通风采暖、消防及生活给排水、办公生活设施、防护区泵站、运行维护车辆及船只等）等方面的具体的、突出的、有针对性节电、节油、节水措施。

包括节能新技术、新工艺、新设备、新材料应用，建筑围护结构及保温隔热措施等，并同时分析节能技术措施的合理性和可行性。

4.2 节能评估提出的节能技术措施

【评估要点】

依据项目节能评估提出的意见和建议，针对项目在节能方面存在的问题、可以继续提高的环节等，提出相应的节能措施或建设方案调整意见。提出的节能措施要有针对性、可操作性和合理的经济性。逐条详细论述节能措施技术方案、参数等，分析计算节能措施的节能效果、成本及经济效益测算，有完整的节能量计算过程。

汇总列出能评阶段节能措施对应的定量技术指标变化和节能量。

4.3 节能管理措施

论述项目节能管理措施、能源计量等方面采取的措施与方案，并进行评估。

【评估要点】

（1）按照《能源管理体系要求》（GB/T 23331）、《工业企业能源管理导则》（GB/T 15587）等的要求，提出项目能源管理体系建设方案，能源管理中心建设以及能源统计、监控等节能管理方面的制度、措施和要求，包括节能管理机构和人员的设置情况等。

（2）按照《用能单位能源计量器具配备和管理通则》（GB/T 17167）等标准要求，评估项目能源计量器具配备情况，能源计量相关管理规定，编制能源计量器具一览表、能源计量网络图，提出能源统计及检测、计量器具配备、测点的布置、专业人员配置等要求。

4.4 本章评估小结

5 项目综合能耗和能效水平评估

5.1 节能评估前项目综合能耗和能效水平评估

依据相关规定、规范和标准的计算方法，核算节能评估前项目的年综合能源消费量、年综合能耗、厂用电率、综合厂用电率等指标。

5.2 节能评估后项目综合能耗和能效水平评估

（1）核算项目能源消费量和主要能效指标。依据项目节能评估提出的意见和建议、相关规定、规范和标准的计算方法，重新核算项目的年综合能源消费量、年综合能耗、厂用电率、综合厂用电率等指标。

表 5－1　节能评估前后项目能源消耗量对比表（样表）

<table>
<tr><td rowspan="2">主要能源种类</td><td rowspan="2">计量单位</td><td colspan="2">评估前</td><td colspan="2">评估后</td><td rowspan="2">调整（后－前）(tce)</td></tr>
<tr><td>实物量</td><td>折标准煤(tce)</td><td>实物量</td><td>折标准煤(tce)</td></tr>
<tr><td>电力</td><td>万 kWh</td><td></td><td></td><td></td><td></td><td></td></tr>
<tr><td>汽油</td><td>t</td><td></td><td></td><td></td><td></td><td></td></tr>
<tr><td>……</td><td></td><td></td><td></td><td></td><td></td><td></td></tr>
<tr><td rowspan="2">综合能耗</td><td rowspan="2">tce</td><td>当量值</td><td></td><td>当量值</td><td></td><td></td></tr>
<tr><td>等价值</td><td></td><td>等价值</td><td></td><td></td></tr>
</table>

（2）能源加工、转换和利用情况。根据《企业能量平衡网络图绘制方法》（GB/T 28749）和《企业能量平衡表编制方法》（GB/T 28751）分析项目能源加工、转换和利用情况。

5.3　项目能效水平评估

采用标准对照法、类比分析法、专家判断法等方法，通过与现行国家标准、行业标准、地方标准、产业政策规定、行业发布的权威数据或同类先进水平项目的数据进行能耗指标的对比分析，从而评估判断项目能耗指标达到同行业何种水平。

5.4　本章评估小结

6　项目能源消费及对所在地影响评估

6.1　项目能源供应及落实情况

项目电力（备用电源）、燃油、水等供应及落实情况。

6.2　项目对所在地能源消费增量的影响评估

根据项目所在地节能目标、单位地区生产总值能耗、地区生产总值、国民经济发展规划、能源发展规划等资料，计算项目所在地省市两级能源消费增量预测限额。

计算项目综合能源消费量占所在地能源消费增量的比重，分析判断项目综合能源消费量对项目所在地能源消费的影响。

6.3 项目对所在地完成节能目标的影响评估

核算项目工业总产值和工业增加值。

根据项目综合能源消费当量值和等价值，计算单位工业增加值能耗和单位增加值能耗。

对比分析项目单位增加值能耗对项目所在地实现节能目标的影响。

6.4 本章评估小结

7 结论与建议

7.1 结论

参考以下内容进行总结。

（1）项目能源消费总量及结构；

（2）项目主要能效指标评估结果；

（3）项目综合能源消费量及对项目所在地能源消费的影响；

（4）项目单位增加值能耗及对项目所在地节能目标实现的影响；

（5）项目是否符合国家、地方和行业的节能相关法律法规、政策要求、标准规范；有无采用国家明令禁止和淘汰的落后工艺及设备；列出主要用能设备能效水平评估结果；

（6）项目采取的节能措施及效果评价。

7.2 建议

根据节能评估情况，指出项目在建设方案、节能技术和节能管理措施等方面存在的能评阶段无法解决的问题，或能评阶段无法确定实施、但存在较大节能潜力的节能措施可提出相关建议。

8 附件

1. 地理位置示意图
2. 对外交通示意图
3. 枢纽总平面布置图
4. 各建筑物布置图
5. 电气主接线图
6. 高压厂用电接线图
7. 永久办公生活区规划总平面图

参考资料

1. 产业结构调整指导目录（2011年本）（2013年修正）（电力行业摘录）

电力鼓励类

1. 水力发电

2. 单机60万千瓦及以上超临界、超超临界机组电站建设

3. 采用背压（抽背）型热电联产、热电冷多联产、30万千瓦及以上热电联产机组

4. 缺水地区单机60万千瓦及以上大型空冷机组电站建设

5. 重要用电负荷中心且天然气充足地区天然气调峰发电项目

6. 30万千瓦及以上循环流化床、增压流化床、整体煤气化联合循环发电等洁净煤发电

7. 单机30万千瓦及以上采用流化床锅炉并利用煤矸石、中煤、煤泥等发电

8. 500千伏及以上交、直流输变电

9. 在役发电机组脱硫、脱硝改造

10. 电网改造与建设

11. 继电保护技术、电网运行安全监控信息技术开发与应用

12. 大型电站及大电网变电站集约化设计和自动化技术开发与应用

13. 跨区电网互联工程技术开发与应用

14. 输变电节能、环保技术推广应用

15. 降低输、变、配电损耗技术开发与应用

16. 分布式供电及并网技术推广应用

17. 燃煤发电机组脱硫、脱硝及复合污染物治理

18. 火力发电脱硝催化剂开发生产

19. 水力发电中低温水恢复措施工程、过鱼措施工程技术开发与应用

20. 大容量电能储存技术开发与应用

21. 电动汽车充电设施

22. 乏风瓦斯发电技术及开发利用

23. 垃圾焚烧发电成套设备

24. 分布式电源

电力限制类

1. 小电网外，单机容量30万千瓦及以下的常规燃煤火电机组

2. 小电网外，发电煤耗高于300克标准煤/千瓦时的湿冷发电机组，发电煤耗高于305克标准煤/千瓦时的空冷发电机组

3. 无下泄生态流量的引水式水力发电

电力淘汰类

1. 大电网覆盖范围内，单机容量在10万千瓦以下的常规燃煤火电机组

2. 单机容量5万千瓦及以下的常规小火电机组

3. 以发电为主的燃油锅炉及发电机组

4. 大电网覆盖范围内，设计寿命期满的单机容量20万千瓦以下的常规燃煤火电机组

2. 水利水电工程节能设计规范 GB/T 50649—2011

前　言

本规范是根据住房和城乡建设部《关于印发〈2008 年工程建设标准规范制订、修订计划（第二批）〉的通知》（建标〔2008〕105 号）的要求，由水利部水利水电规划设计总院会同中水北方勘测设计研究有限责任公司编制而成。

本规范共分 8 章和 1 个附录。主要内容包括：总则、基本规定、工程规划与总布置节能设计、建（构）筑物节能设计、机电及金属结构节能设计、施工节能设计、工程管理节能设计、节能效果综合评价等。

本规范由住房和城乡建设部负责管理，由水利部负责日常管理，由水利部水利水电规划设计总院负责具体技术内容的解释。本规范在执行过程中，如发现需修改和补充之处，请将有关意见和资料寄送水利部水利水电规划设计总院（地址：北京市西城区六铺炕北小街 2－1 号；邮政编码：100120），以便今后修订时参考。

本规范主编单位、参编单位、主要起草人和主要审查人：

主 编 单 位：水利部水利水电规划设计总院

参 编 单 位：中水北方勘测设计研究有限责任公司

主要起草人：刘志明　李现社　邵剑南　游　超　白俊岭　董克青
李学启　牛贺道　朱　峰　张　安　吴剑疆　刘海瑞

主要审查人：董安建　张绍纲　顾洪宾　于庆贵　覃利明　汪庆元
张士杰　刘力成　陈顺义　丛　生

1　总　　则

1.0.1　为了贯彻节约资源的基本国策，提高能源利用效率，规范水利水电工程节能设计，制定本规范。

1.0.2　本规范适用于新建、改建和扩建的大中型水利水电工程的节能设计。

1.0.3　水利水电工程节能设计，必须遵循国家的有关方针、政策，并应结合工程的具体情况，积极采用新技术、新材料和新工艺，做到安全可靠、节约能源和经济合理。

1.0.4 水利水电工程的节能设计，除应执行本规范外，尚应符合国家现行有关标准的规定。

2 基本规定

2.0.1 水利水电工程节能设计应与工程设计同时进行。节能设计选用的技术措施应与工程同时实施。

2.0.2 工程设计报告应有节能设计的专篇（章），应确定节能设计原则、方案和措施，并应作出节能效果分析。

2.0.3 除应收集工程设计的基础资料和设计方案外，水利水电工程节能设计还应收集工程所在省（直辖市、自治区）的能源供应、能源消耗、能源规划和节能指标等资料。

2.0.4 改建、扩建工程设计时，应对既有工程在能源消耗方面的现状进行分析，并应提出改扩建工程的节能设计方案。

2.0.5 工程设计中选用的主要设备和材料，均应提出明确的节能指标或要求。

3 工程规划与总布置节能设计

3.1 工程规划

3.1.1 水利水电工程应通过节能降耗、环境保护和技术经济等综合比选，合理确定建设规模和运行方式。

3.1.2 水库工程在满足开发任务的前提下，应提高水能利用率。

3.1.3 供水、灌溉工程规划应符合节水、节能要求，有条件时应进行能量回收。

3.1.4 多级开发的水力发电工程在满足梯级开发要求任务的基础上，应按综合效益最大化的原则，合理确定水库的特征水位和运行方式。

3.1.5 采用泵站扬水时，应按节能、节水要求合理确定泵站的扬程和级数。

3.2 工程总布置

3.2.1 工程总布置应将节能降耗作为布置方案的比选条件之一。

3.2.2 枢纽工程总布置宜紧凑，并应便于管理。

3.2.3 供水、灌溉等引水工程，在条件相当时宜选择自流输水方式；应合理选择引水线路布置。

3.2.4 工程总布置应合理选择电（泵）站输水系统和厂房的布置。

3.2.5 治涝工程宜采取自排方式；条件许可时采用自排和抽排相结合的方式；

必须抽排时，应对集中抽排和分散排水方式进行比选，并应合理确定泵站的数量及布置。

3.2.6 堤防的布置应符合现行国家标准《堤防工程设计规范》GB 50286 的有关规定，并应经过技术经济和节能等综合比较确定堤线和堤距。

3.2.7 海堤的布置应符合现行行业标准《海堤工程设计规范》SL 435 的有关规定，并应经过技术经济和节能等综合比较确定堤线和堤距。

4 建（构）筑物节能设计

4.1 水工建筑物

4.1.1 节能设计时，应根据水工建筑物的不同功能要求，在其他条件相当的情况下，采用节省或降低能源消耗的建筑物型式，宜选用耐久性好的建筑材料。

4.1.2 挡水建筑物的型式比选应对筑坝材料、工程量、能耗进行比较。

4.1.3 泄水建筑物的型式、孔数、孔口尺寸和泄流断面的选择，应对土建工程量、金属结构工程量和能耗进行比较。

4.1.4 供水、灌溉工程的输水工程建筑物的型式、纵坡、糙率、断面尺寸、材料和衬砌方式的选择，应对工程量、能耗进行比较。电（泵）站的输水建筑物的型式、糙率、断面尺寸和衬砌方式的选择，应对工程量、水力损失和发（耗）电量进行比较。

4.1.5 节能设计时，应合理选择电（泵）站厂房的布置、结构和围护型式。

4.1.6 堤防、海堤的型式和断面型式的选择，应对筑堤材料、工程量、材料运距进行比较。

4.1.7 建（构）筑物基础处理方式以及边坡防护的型式，应对材料、工程量、施工期的能耗进行比较。

4.1.8 通航设施型式比选应进行工程量、能耗的比较。

4.1.9 寒冷地区有冬季运行要求的启闭机房，宜做好围护结构保温。

4.2 生产辅助用房和管理生活用房

4.2.1 生产辅助用房应做好保温、通风、采光、供电和照明设计，并应符合国家现行标准《公共建筑节能设计标准》GB 50189、《采暖通风与空气调节设计规范》GB 50019、《建筑采光设计标准》GB/T 50033、《建筑照明设计标准》GB 50034、《供配电系统设计规范》GB 50052 和《严寒和寒冷地区居住建筑节能设计标准》JGJ 26 的有关规定，同时应采用节能材料和技术。

4.2.2 管理用房的节能设计应符合现行国家标准《公共建筑节能设计标准》GB 50189、《建筑给水排水设计规范》GB 50015 的有关规定，并应采用节能材料和技术。

4.2.3 生产辅助用房和管理生活用房可利用可再生能源。

5 机电及金属结构节能设计

5.1 水力机械

5.1.1 电（泵）站水力机械设备的节能设计，应根据工程特点、设备使用基本条件及使用目的等，通过节能降耗、技术经济综合分析，确定主要设备的规格型式、技术参数、能效指标和设计方案。

5.1.2 水力机械及其辅助设备应符合国家现行的对设备能耗限定值和节能指标评价的规定，宜选用技术成熟、性能先进、国家推荐的高效节能产品。大型机组设备的能效指标宜经过必要的比选和论证。

5.1.3 水力发电工程的水轮机应根据水电站在系统中的作用、运行方式、运行水头范围，合理选择水轮机型式和台数。

5.1.4 泵站工程中的水泵应根据其运行扬程范围、运行方式及供水目标、供水流量、年运行时间等，通过技术经济和能耗综合比较，合理确定其结构型式、单机流量及装机台数。在条件满足时，宜采用国家或行业推荐的技术成熟、性能先进的高效节能产品。需要进行研制开发的水泵应进行模型试验，并应经验收合格后再采用。

5.1.5 具有多种泵型可供选择时，应综合分析泵站效率、工程投资和运行费用等因素择优确定。条件相同时宜选用效率较高的卧式离心泵，并应符合下列要求：

1 离心泵站抽取清水时，所选离心泵应符合现行国家标准《清水离心泵能效限定值及节能评价值》GB 19762 的有关规定。

2 轴流泵站和混流泵站的装置效率不宜低于 70%；净扬程低于 3m 的泵站，其装置效率不宜低于 60%。

3 电力排灌泵站的能源单耗不应大于 5kW·h/（kt·m）；机械排灌泵站的能源（柴油）单耗不应大于 1.35kg/（kt·m）。

5.1.6 对于多泥沙河流水电站的单元压力管道输水管或压力管道较长的单元压力管道输水管，可在水轮机流道上装设进水阀（蝶阀或球阀）或圆筒阀。

机组进水阀油压装置的操作容量不大于30kN·m时，可采用高压蓄能罐式油压装置。

5.1.7 电（泵）站主、副厂房采用的双梁桥式起重机，当主钩起重量大于或等于1000kN时，或当副钩起重量大于或等于300kN时，可在大梁下方配置起重量较小的电动葫芦。

5.1.8 机组冷却用技术供水系统，应根据电（泵）站的运行水头（扬程）和主要设备对水质、水量和水压的要求，合理确定技术供水方案。供水系统布置还应符合下列要求：

1 在条件具备时，宜采用自流或自流减压供水方案。

2 对高水头或多泥沙河流的中小机组可采用密闭循环水冷却方式。

3 供水系统管径应根据供水管的经济流速确定，其经济流速应符合现行行业标准《水力发电厂水力机械辅助设备系统设计技术规定》DL/T 5066的有关规定。

4 技术供水系统在进入各用水部位支管上应设置流量调节装置。

5.1.9 电（泵）站厂内渗漏排水和机组检修排水的设计，应根据厂房布置条件、工程地质、地形条件等因素确定，在条件许可时，宜采用自流排水方式。

5.1.10 电（泵）站辅助油、水、气系统设备选型、设计，应符合下列要求：

1 水泵选型应符合现行国家标准《清水离心泵能效限定值及节能评价值》GB 19762的有关规定。

2 电动机应符合现行国家标准《中小型三相异步电动机能效限定值及能效等级》GB 18613的有关规定。

3 空压机应符合现行国家标准《容积式空气压缩机能效限定值及能效等级》GB 19153的有关规定。

4 阀门应满足全开水力损失小、关闭状态漏水量小的要求；操作装置选型应合理，关闭应安全可靠。

5.1.11 节水灌溉设备应符合现行行业标准《节水灌溉设备现场验收规程》SL 372的有关规定。

5.2 电　　工

5.2.1 电气节能设计，应根据工程特点、电气设备使用基本条件及使用目的等，通过节能降耗、技术经济综合分析，确定电气设计方案和主要设备的型式、技术参数及能效指标。

5.2.2 电气设备应满足国家或行业对设备能耗限定值和节能指标评价的规定，宜选用技术成熟、性能先进、国家推荐的高效节能产品。

5.2.3 厂用电电压等级、接线方式、供电方式等设计，应根据工程运行方式、枢纽布置条件及自然环境等特点，通过节能降耗、技术经济综合分析，合理确定技术参数和系统设计方案。

厂用电配电装置布置应结合厂房布置确定，并应根据设备电压等级合理确定设备的布置距离和连接方式，并宜使设备布置有规律性。

5.2.4 电（泵）站高压配电装置应通过能耗、技术经济比较后确定。

5.2.5 变压器宜选用国家推荐的低损耗系列产品，并宜合理选择冷却方式和布置。当采用三相10kV、无励磁调压额定容量30kV·A～1600kV·A的油浸式和额定容量30kV·A～2500kV·A的干式配电变压器时，应符合现行国家标准《三相配电变压器能效限定值及节能评价值》GB 20052的有关规定。

5.2.6 电动机的型式及参数应根据被驱动装置的特性和用途合理配置。对于经常性负荷，可采用变频器进行电机的控制。对于690V及以下电压、50Hz三相交流电源供电、额定功率在0.55kW～315kW的电动机，能效应符合现行国家标准《中小型三相异步电动机能效限定值及能效等级》GB 18613的有关规定。

5.2.7 电（泵）站大电流母线的布置应通过能耗、技术经济比较后确定。输电线路的导体截面应按经济电流密度选择。

直流系统应选择安全、稳定、可靠、低能耗的电缆。

5.2.8 开关站（变电站）的选址和布置应通过能耗、技术经济比较后确定。

5.2.9 电气设备应合理选择所需要的控制方式及其控制设备。

5.2.10 大容量电动机应采用合适的启动方式。

5.2.11 照明节能设计应符合下列要求：

1 应根据不同的工作场所和照度要求，选用合理的照明方式。

2 应采用光效高、光色好、启动性好、寿命长的光源。在满足显色性、启动时间等要求下，选用的照明光源应根据灯具、镇流器等的效率、寿命和价格，经能耗、经济技术综合比较后确定。

3 应选用效率高、光通维持率高的灯具，并不应低于表5.2.11－1和表5.2.11－2的规定。

表 5.2.11－1　荧光灯灯具的效率

灯具出光口形式	开敞式	保护罩（玻璃或塑料）		格栅
		透明	磨砂棱镜	
灯具效率（%）	75	65	55	60

表 5.2.11－2　高强度气体放电灯灯具的效率

灯具出光口形式	开敞式	格栅或透光罩
灯具效率（%）	75	60

4　选用的灯具应符合下列要求：

1）双端荧光灯节能评价值不应低于现行国家标准《普通照明用双端荧光灯能效限定值及能效等级》GB 19043 中能效 2 级的规定。

2）自镇流荧光灯节能评价值不应低于现行国家标准《普通照明用自镇流荧光灯能效限定值及能效等级》GB 19044 中能效 2 级的规定。

3）单端荧光灯不应低于现行国家标准《单端荧光灯能效限定值及节能评价值》GB 19415 中节能评价值的规定。

4）高压钠灯节能评价值不应低于现行国家标准《高压钠灯能效限定值及能效等级》GB 19573 中能效 2 级的规定。

5）金属卤化物灯节能评价值不应低于现行国家标准《金属卤化物灯能效限定值及能效等级》GB 20054 中能效 2 级的规定。

5　应选用节能型电感、电子镇流器，对电感型镇流器宜设置电容补偿。选用的镇流器应符合下列要求：

1）荧光灯镇流器不应低于现行国家标准《管形荧光灯镇流器能效限定值及节能评价值》GB 17896 中能效限定值和节能评价值的规定。

2）高压钠灯用镇流器不应低于现行国家标准《高压钠灯用镇流器能效限定值及节能评价值》GB 19574 中能效限定值和节能评价值的规定。

3）金属卤化物灯用镇流器节能评价值不应低于现行国家标准《金属卤化物灯用镇流器能效限定值及能效等级》GB 20053 中能效 2 级的规定。

6 照明功率密度值应符合现行国家标准《建筑照明设计标准》GB 50034 的有关规定。

7 在生产、运行的厂房内的一般照明，宜按类别分区分组在照明配电箱内集中控制；对经常无人值班的场所、通道、楼梯间及廊道出入口处的照明，应装设单独的开关分散控制；室外照明应设照明专用控制箱。对非常规监视区域照明开关应采用声光控或延时开关。

5.3 金属结构

5.3.1 金属结构应合理选择闸门、启闭机的结构、布置及密封型式。

5.3.2 金属结构应合理选择闸门及其支承型式；应合理布置启闭机位置，并应优化启闭机容量和行程（扬程）。

5.3.3 启闭设备行程较大时，宜采用变频控制。

5.3.4 寒冷地区排冰、防冻设计应经经济技术比较，并应符合长期、安全、可靠和节能运行的要求。

5.3.5 拦污栅的结构和布置应根据污物、进水流道型式和尺寸合理确定，并应合理选择拦污栅的清污方式。

5.4 采暖通风与空气调节

5.4.1 建筑物采暖设计应根据建筑物的特点，结合自然条件，合理利用天然资源。在条件具备时，应充分利用水库水、尾水、廊道及洞室空气和发电机组余热。

5.4.2 建筑物采暖设计宜采用热水作为采暖热媒。电（泵）站主厂房应充分利用发电机（电动机）热风采暖，副厂房电采暖设备应采用高效节能产品。非寒冷地区宜采用热泵机组采暖。

5.4.3 地面式工程应以自然通风为主，机械通风和空调设计应充分利用水库深层水和廊道空气。地下工程通风和空调设计应充分利用洞室空气和水库水。

5.4.4 空气调节送风道宜单独设置，需与其他设施共用风道时，应采取可靠的防漏风、减少阻力和绝热措施。

5.4.5 集中采暖与空气调节系统应设监测与控制装置。分区、分室控制装置应具备按温度进行最优控制的功能。间歇运行的空气调节系统，宜设自动启停装置；控制装置应具备按预定时间最优启停的功能。

5.4.6 采暖通风与空调系统设备及管路应符合下列要求：

1 制冷量在14000W及以下的房间空气调节器，应符合现行国家标准《房间空气调节器能效限定值及能源效率等级》GB 12021.3 的有关规定。

2 制冷量大于7100W的单元式空气调节机，应符合现行国家标准《单元式空气调节机能效限定值及能源效率等级》GB 19576 的有关规定。

3 风机应符合现行国家标准《通风机能效限定值及能效等级》GB 19761 的有关规定。

4 供热、供冷管道保温应符合现行国家标准《设备及管道保温设计导则》GB 8175 和《设备及管道保冷设计导则》GB/T 15586 的有关规定。

5 冷水机组的选择应符合现行国家标准《冷水机组能效限定值及能源效率等级》GB 19577 的有关规定。机组的节能评价值不应低于能效等级 2 级的规定。

6 水泵的选择应符合现行国家标准《清水离心泵能效限定值及节能评价值》GB 19762 的有关规定。

6 施工节能设计

6.1 施工总布置

6.1.1 施工总布置节能设计应符合下列要求：

1 应结合工程总布置特点，遵循因地制宜、因时制宜原则。

2 水工建筑物呈点状分布的枢纽工程，施工总布置宜采取集中布置的原则。

3 水工建筑物呈线状分布的引水工程以及呈面状分布的灌溉工程，施工总布置宜采取集中布置与分散布置相结合的原则。

6.1.2 施工分区规划节能设计应符合下列要求：

1 机电设备及金属结构安装场地应靠近主要安装地点。

2 主要物资仓库、站场等应布置在场内外交通衔接处附近。

6.1.3 施工营地应符合有利生产、方便生活的原则，应靠近施工现场布置。

6.1.4 料场的规划及开采应使料物及弃渣的总运输量、运距最小，应首先研究利用工程开挖料作为坝体填筑料及混凝土骨料的可能性。

6.1.5 施工场地布置应结合施工总布置及施工总进度做好整个工程的土石方平衡，并应统筹规划堆渣、弃渣场地。

6.1.6 对外交通方案应结合节能要求选择，并应进行场内交通规划。同时应符合下列要求：

1 对外交通应便于与场内交通衔接，并应尽量缩短运输距离。

2 场内交通宜采用公路运输方式。

6.1.7 批量物料和大件运输方式应进行水上运输、公路运输和铁路运输比较确定。施工转运站设置宜利用或租用已有的转运设施，其储运能力应满足及时将物料运至工地的要求。

6.2 工程施工

6.2.1 水利水电工程导流方式及建筑物型式选择，应对能耗、工程量和工期进行比较。

6.2.2 主体工程施工方法选择应符合节能要求。对高海拔、严寒地区的施工节能措施，必要时，可进行专题研究。

6.2.3 施工设备选择应满足施工方法、进度、质量和安全的要求，设备及配套应高效节能。

6.2.4 土石方挖填工程的挖、装、运及碾压设备应匹配合理。利用明挖石料作为混凝土人工骨料时，爆破设计宜控制岩块粒度。

6.2.5 砌、抛石工程应首先研究利用明挖石方拣集料或天然砂砾料场筛余石料作为砌、抛石工程石料的可能性。

6.2.6 混凝土预冷系统节能措施应符合下列要求：

1 应将混凝土浇筑时间安排在高温季节的低温时段。

2 成品料堆高度不宜低于6m。

3 应通过地弄取料，并应搭凉棚或喷水雾降温。

4 应采用低流态混凝土。

5 应选用高效制冷设备，并应均衡制冷和电力负荷。

6.2.7 混凝土预热系统节能措施应符合下列要求：

1 不宜在低温季节进行混凝土浇筑。

2 保温模板应替代普通模板。

3 拌和时应掺适量加气剂。

4 应选用高效节能设备。

6.2.8 混凝土运输及浇筑节能措施应符合下列要求：

1 宜选用高效、可靠的先进设备。

2 运距及运输时间应短。

3 应减少混凝土运输中转环节。

4 混凝土浇筑模板结构宜标准化、系列化，宜采用钢模。

6.2.9 地下工程施工除应符合现行行业标准《水利水电工程施工组织设计规范》SL 303和《水工建筑物地下开挖工程施工规范》SL 378的有关规定外，还应满足施工节能的要求。

6.2.10 施工排水及照明应选择高效节能设备。在条件具备时，施工排水宜采用自流排水方式；照明应按工作要求分区布置和控制。

6.2.11 水利水电工程施工进度应合理安排工期。必要时，可对缩短工期、提前发挥效益与节能降耗进行综合论证。

6.3 施工工厂设施

6.3.1 施工工厂设施节能设计应符合下列要求：

1 应充分利用当地工矿企业或其他工程的加工能力进行生产和技术协作。

2 应将厂址设于交通和水、电供应方便之处，并应靠近服务对象和用户中心。

3 应将协作关系密切的施工工厂进行集中布置，并应逐步推广装配式结构。

4 应选用新型节能的多功能设备。

6.3.2 砂石加工系统布置宜靠近料场，并应合理利用地形。

6.3.3 混凝土生产系统布置应根据工程规模大小、区段划分情况，靠近浇筑地点，合理利用地形，并应统筹兼顾前、后期施工需要。

6.3.4 空气压缩站的规模、布置、设备选型和数量，应根据工程特点进行比选，其位置宜靠近耗气负荷中心、接近供电和供水点。

6.3.5 施工供水宜采用自流水源，生产及生活用水应做到重复利用。

6.3.6 施工供电宜采用电网供电。

7 工程管理节能设计

7.0.1 工程管理设施及设备应节能、高效，其配置应少而精。

7.0.2 在满足功能要求的条件下，应优化工程运行调度方案。

7.0.3 水力发电厂应合理安排主要设备的维护和检修。

7.0.4 水利水电工程应对主要设备和系统进行能耗计量或监测。用能计量应符合现行国家标准《用能单位能源计量器具配备和管理通则》GB 17167 的有关规定。

8 节能效果综合评价

8.1 主要节能措施及其评价

8.1.1 节能效果综合评价应对工程规划与总布置方案、主要建筑物设计、机电及金属结构设计、施工组织设计、工程管理设计中采取的主要节能措施进行概述。

8.1.2 节能效果综合评价应对工程规划与总布置方案、主要建筑物设计、机电及金属结构设计、施工组织设计、工程管理设计中采取的主要节能措施进行评价。

8.2 能源消耗

8.2.1 工程用能应包括施工期用能和运行期用能。工程设计时应分别明确其用能品种和用能总量。

8.2.2 施工期用能应为工程建设期间施工机械设备、施工辅助生产系统、交通运输系统、生产性建筑物、生活性建筑物等运用过程中直接消耗的能源。施工期用能应根据工程设计方案，从主要建筑物设计、主体工程施工、施工工厂设施、生产性建筑和生活配套设施等方面，分析施工期能耗种类和数量，并计算施工期能耗总量。

8.2.3 运行期用能应为工程投入使用后建筑物、机电及金属结构、工程管理设施等运行和使用过程中直接消耗的能源。运行期用能应根据工程设计方案、设备配置和运行管理要求，从机组、电气设备、生产辅助设备、公用设施、生产性建筑和生活配套设施等方面，分析运行期能耗种类和数量，并应计算运行期能耗总量。

8.2.4 水利水电工程建设施工期、投产后运行期的能耗总量单位应以标准煤计。各类能源与标准煤的能量换算关系应符合本规范附录 A 的规定。

8.3 节能效果综合评价

8.3.1 工程综合能耗指标可按下式计算：

$$\eta = E/B \tag{8.3.1}$$

式中：η——工程综合能耗指标；

E——项目计算期内能耗总量，等于工程施工期的能耗总量与工程投产后运行期的能耗总量之和（吨标准煤）；

B——计算期内工程产生的国民经济净效益，等于项目综合效益扣除运行费用（万元）。按国家或地方制定的国内生产总值能耗综合指标基准年的价格水平计算。

8.3.2 对于具有发电、抽水蓄能效益的水利水电工程，应根据受电区能源结构及其利用效率，说明可节约化石能源计算成果，并应说明可减排的温室气体总量。

8.3.3 节能效果综合评价应将工程的综合能耗指标与国家或地方制定的国内生产总值能耗综合指标进行对比，作出节能效果宏观评价和综合评价。

8.3.4 水利水电工程的综合能耗指标应满足国内生产总值能耗综合指标要求。

附录A 各种能源折算标准煤系数

表A 各种能源折算标准煤系数

能源名称	单位	折标准煤系数	当量值	备注
原煤	kg标准煤/kg	0.7143	—	—
焦炭	kg标准煤/kg	0.9714	—	—
汽油	kg标准煤/kg	1.4714	—	—
柴油	kg标准煤/kg	1.4571	—	—
煤油	kg标准煤/kg	1.4714	—	—
重油（燃料油）	kg标准煤/kg	1.4286	—	—
电力	kg标准煤/（kW·h）	0.4040	0.1229	—
天然气	kg标准煤/m^3	1.2360	—	—
焦炉煤气	kg标准煤/m^3	0.6143	—	—
液化石油气（气态）	kg标准煤/m^3	3.000~3.429	—	—
液化石油气（液态）	kg标准煤/kg	1.543~1.714	—	—
蒸汽	kg标准煤/kg	0.0943	—	0.4MPa的饱和蒸汽
热力	kg标准煤/MJ	0.0341	—	—

注：1t标准煤热值为29.26MJ。

本规范用词说明

1 为便于在执行本规范条文时区别对待，对要求严格程度不同的用词说明如下：

1）表示很严格，非这样做不可的：
正面词采用“必须”，反面词采用“严禁”；

2）表示严格，在正常情况下均应这样做的：
正面词采用“应”，反面词采用“不应”或“不得”；

3）表示允许稍有选择，在条件许可时首先应这样做的：

正面词采用“宜”，反面词采用“不宜”；

4）表示有选择，在一定条件下可以这样做的，采用“可”。

2 条文中指明应按其他有关标准执行的写法为：“应符合……的规定”或“应按……执行”。

引用标准名录

《建筑给水排水设计规范》GB 50015

《采暖通风与空气调节设计规范》GB 50019

《建筑采光设计标准》GB/T 50033

《建筑照明设计标准》GB 50034

《供配电系统设计规范》GB 50052

《公共建筑节能设计标准》GB 50189

《堤防工程设计规范》GB 50286

《设备及管道保温设计导则》GB 8175

《房间空气调节器能效限定值及能源效率等级》GB 12021. 3

《设备及管道保冷设计导则》GB/T 15586

《用能单位能源计量器具配备和管理通则》GB 17167

《管型荧光灯镇流器能效限定值及节能评价值》GB 17896

《中小型三相异步电动机能效限定值及能效等级》GB 18613

《普通照明用双端荧光灯能效限定值及能效等级》GB 19043

《普通照明自镇流荧光灯能效限定值及能效等级》GB 19044

《容积式空气压缩机能效限定值及能效等级》GB 19153

《单端荧光灯能效限定值及节能评价值》GB 19415

《高压钠灯能效限定值及能效等级》GB 19573

《高压钠灯用镇流器能效限定值及节能评价值》GB 19574

《单元式空气调节机能效限定值及能源效率等级》GB 19576

《冷水机组能效限定值及能源效率等级》GB 19577

《通风机能效限定值及能效等级》GB 19761

《清水离心泵能效限定值及节能评价值》GB 19762

《三相配电变压器能效限定值及节能评价值》GB 20052

《金属卤化物灯镇流器能效限定值及能效等级》GB 20053

《金属卤化物灯能效限定值及能效等级》GB 20054

《严寒和寒冷地区居住建筑节能设计标准》JGJ 26
《水利水电工程施工组织设计规范》SL 303
《节水灌溉设备现场验收规程》SL 372
《水工建筑物地下开挖工程施工规范》SL 378
《海堤工程设计规范》SL 435
《水力发电厂水力机械辅助设备系统设计技术规定》DL/T 5066

水利水电工程节能设计规范 GB/T 50649—2011 条文说明

制 定 说 明

《水利水电工程节能设计规范》GB/T 50649—2011，经住房与城乡建设部2010年12月24日以第884号公告批准发布。

为便于广大设计、施工、科研和学校等单位有关人员在使用本标准时能正确理解和执行条文规定，本规范编制组按章、节、条顺序编制了本标准的条文说明，对条文规定的目的、依据以及执行中需注意的有关事项进行了说明。但是，本条文说明不具备与标准正文同等的法律效力，仅供使用者作为理解和把握标准规定的参考。

1 总 则

1.0.1 节约资源是我国的一项长期基本国策，节能是解决我国能源问题的根本途径，《中华人民共和国节约能源法》已于1998年1月1日开始实施。十届人大四次会议审议批准的《中华人民共和国国民经济和社会发展第十一个五年规划纲要》中明确提出：资源利用效率显著提高，单位国内生产总值能源消耗降低20%左右。2006年8月6日，国务院下发了《关于加强节能工作的决定》（国发〔2006〕28号），强调必须把节能摆在更加突出的战略位置，必须把节能工作作为当前的紧迫任务，并提出了具体目标：到“十一五”期末，万元国内生产总值（按2005年价格计算）能耗下降到0.98吨标准煤，比“十五”期末降低20%左右，平均年节能率为4.4%；并要求建立固定资产投资项目节能评估和审查制度，要对固定资产投资项目（含新建、改建、扩建项目）进行节能评估和审查，对未进行节能审查或未能通过节能审查的项目一律不得审批、核准。2009年12月，温家宝总理在哥本哈根联合国气候大会上代表中国政府提出：到2020年单位国内生产总值二氧化碳排放比2005年下降40%～45%。根据目前我国节能减排的实施情况，“十一五”单位GDP能耗下降20%的指标有望完成，“十二五”将可能继续维持能耗强度下降20%的指标。为了贯彻国务院《关于加强节能工作的决定》（国发〔2006〕28号文）的精神及国家节能减排的目标要求，结合水利水电工程的具体情况，制定了本规范，以使水利水电工程项目建设符合节能要求。

1.0.2 本条指明本规范使用的范围。

1.0.3 水利水电工程节能设计是主体工程设计的组成部分，因此，同主体工程设计一样，必须遵循国家的基本建设方针和技术经济政策，在结合工程具体情况的基础上，合理确定设计方案，积极、慎重地采用新技术、新设施。建设标准应符合国情，既不能标准过低影响安全运行，又不宜标准过高增加大量的工程投资。

1.0.4 本条阐明本规范与其他标准和规范的关系。

2 基 本 规 定

2.0.1～2.0.3 这三条是节能设计基本原则。

2.0.4 扩建或改建工程的节能设计应与新建工程同等对待，因此，设计中应包括对原有工程在能源消耗方面存在的问题进行评述，在此基础上对扩建或改建工程的节能设计提出优化或改进方案。

2.0.5 设备和材料符合现行政策和节能标准的规定是保证工程在建设过程中和投产运行后节能不可缺少的先决条件。因此，应对设计选用的主要设备和材料提出明确的节能指标或要求。

3 工程规划与总布置节能设计

3.1 工 程 规 划

3.1.1 水利水电工程规划应按拟定的开发治理任务，综合考虑各方面影响，尽量满足各部门、各地区的基本要求，并具有较大的社会效益和经济效益。应考虑近期和远期项目任务，尽量避免重复开发造成的资源浪费。工程规划贯彻“节能、经济”的设计理念，在规划厂站址、线路选择、水工建筑物设计方案比选、设备及材料选取时充分考虑节能、节地、节约资源等要求，力求将工程设计成一个“资源节约、环境友好”型工程。

3.1.3 供水、灌溉工程的节能主要是在满足用水目标的前提下，节约能源和水资源。节水灌溉工程应通过技术经济比较及环境评价确定水资源可持续利用的合理方案。节水灌溉工程的形式应根据当地自然和社会经济条件、水土资源特点和农业发展要求，因地制宜选择。

3.1.4 水电开发规划应根据电力系统对供电质量的要求，研究具有较好调节性能的梯级开发方案，以提高水能开发利用程度。水库特征水位的确定对发电效益有较大影响，在满足防洪要求的前提下，合理确定汛限水位可减少弃水、增加发电效益。根据综合利用要求合理制定水库（群）的调度运行方式，使水库尽量维持高水位、合理下泄流量，增加电站（群）的发电量。

3.1.5 合理确定泵站的扬程和级数，是为了降低长期运行电能损耗。

3.2 工程总布置

3.2.1 方案比较一般仅将各种工程布置方案的地形、地质、工程量、施工条件、工期、移民占地、投资及运行等条件列入比较范围，虽然工程量和占地等因素隐含了建设期的能耗，但未把运行期的长期能耗列入方案比较范围。本规范提出把节能设计作为方案比较条件之一。

3.2.2 枢纽工程总布置紧凑不仅便于管理，还可以减少建设期和运行期的占地、耗能材料的工程量，以及运行期和建设期的能耗量。

3.2.3 合理的输水线路不仅可以降低工程量，还可以降低水力损失。泵站提水要长期耗用电能，尽量降低水泵的扬程可减少电能消耗，为此在保证取水流量的前提下，取水口位置尽量高一些，最好做到自流输（引）水。

3.2.4 电（泵）站输水系统的水头损失直接关系到发电量或耗电量，合理布置输水系统可以增加发电或减少电能消耗。

3.2.6、3.2.7 堤防、海堤工程设计规范中规定了堤线布置和堤距确定的诸多因素，本规范明确提出了应考虑节能的要求。

4 建（构）筑物节能设计

4.1 水工建筑物

4.1.2 大坝基本坝型目前主要采用3种型式：重力坝、拱坝和土石坝。随着技术的发展和新材料的运用，现在低水泥用量的碾压混凝土广泛用于重力坝和拱坝中，混凝土面板堆石坝也是前景很好的当地材料坝之一。这几种坝型均能减少水泥用量或钢筋用量，减少了耗能材料的消耗。

4.1.3 泄水建筑物闸孔尺寸的选择决定了闸门的尺寸和启闭设备的容量，经济技术比较中应充分考虑闸门及附件的金属结构工程量以及长期运行的电、油消耗，综合比较分析确定合理的闸孔型式尺寸。

4.1.4 渠道的糙率和纵坡对渠道断面有直接影响，纵坡增大可减小渠道的断面积和工程量，减少占地，但较大的流速也带来较大的水头损失。采用混凝土材料衬砌可以得到较小的糙率亦可以减小渠道断面。因此，渠道设计应根据功能的不同综合比较各种衬砌型式和线路布置，力求工程量小、占地少。管道设计中，材料糙率影响水头损失，满足经济的条件下选用糙率较低的管道材料。

4.1.5 发电厂房、泵房等建筑物围护结构参照民用建筑物使用新材料和新技术，采暖系统可充分利用机组热风循环取暖，有条件多利用自然光，厂房内所有设备均应满足节能要求，无人值守或少人值守区域可采用智能控制照明系统。

4.1.6 堤防、海堤的型式可以根据不同的地形地质条件以及周边环境采用不同的断面、防渗等型式，要进行经济技术比较确定合理的断面，并应将节能作为比选条件之一。

4.1.7 建（构）筑物基础及边坡处理包括稳定和防渗等均有多种型式，本规范对基础及边坡处理的方式选择也加入了考虑节能的规定。

4.1.9 在寒冷地区有很多引水式电站、水闸和泄水设施，冬季运行需要增加闸门及门槽的电加热设备，对启闭机房及下部的排架柱进行封闭可有效降低冰冻影响，减少电加热设备运行的能耗。

4.2 生产辅助用房和管理生活用房

4.2.1 有条件的生产用房尽量利用自然采光和通风，发电厂房采暖可利用机组多余的热量。

4.2.2 《公共建筑节能设计标准》GB 50189中明确国家鼓励建筑节能技术进步，鼓励引进国外先进的建筑节能技术，禁止引进国外落后的建筑用能技术、材料和设备。

我国公共建筑用能数量巨大，浪费严重。据不完全统计，在公共建筑的全年能耗中，大约50%～60%消耗于空调制冷与采暖系统，20%～30%用于照明。而在空调采暖这部分能耗中，大约20%～50%由外围护结构传热所消耗（夏热冬暖地区大约20%，夏热冬冷地区大约35%，寒冷地区大约40%，严寒地区大约50%）。这些建筑在围护结构、采暖空调系统以及照明方面，均有较大的节能潜力，现行国家标准《公共建筑节能设计标准》GB 50189对各部分结构的能耗标准均作出了明确规定。

4.2.3 生产辅助用房和管理用房的采暖供电等设施可以研究采用太阳能、风能以及沼气等可再生能源，减少厂用电的消耗。

5 机电及金属结构节能设计

5.1 水力机械

5.1.1 机组直接耗能的附属设备包括：调速系统设备、水轮机进水阀设备、励磁系统设备、发电机配套的电加热器、除湿器、顶转子油泵、水轮机顶盖排水等；水力机械辅助设备系统包括：机组技术供水系统、排水系统、透平油系统、绝缘油系统、压缩空气系统等；机组检修使用的设备包括起重设备、机修设备等。水力机械辅助设备、起重设备、机修设备中的耗能设备均为电动机，能耗种类为电能。应提出各系统设备年耗电量。

5.1.2 水力发电厂应根据运行水头范围和特点，选用效率高、单位转速高、稳定性好的水轮机。水轮机采用合理的结构设计，以保证机组安全稳定运行，并延长机组大修周期，减少因机组检修弃水而损失电能和水资源。导叶密封采用合理的结构设计和密封性能好、使用寿命长的材料，减少漏水量，达到节约水能的目的。导叶轴承等所有相对运动和接触部件宜采用摩擦系数低、自润滑、寿命长、试验证明可靠的新型材料。对于大型机组应要求制造厂根据电（泵）站运行条件，进行 CFD 设计和模型试验，研发效率高的水轮机（水泵）。

发电机应采用合理的结构设计和通风设计，定子铁芯采用高导磁率、低损耗的优质冷轧薄硅钢片，以提高发电机的整体效率。各轴承冷却器应采用热交换效率高的材料，以减少冷却水用量。

5.1.5 有多种泵型可供选择时，应考虑机组运行调度的灵活性、可靠性、运行费用、主机组费用、辅助设备费用、土建投资、主机组事故可能造成的损失等因素进行比较论证，选择综合指标优良的水泵。在条件相同时应优先选用卧式离心泵。

《清水离心泵能效限定值及节能评价值》GB 19762 适用于单级清水离心泵（单吸或双吸）、多级清水离心泵、长轴离心泵深井泵及介质类似于清水的离心泵。

5.1.6 多泥沙河流水电站，在水轮机蜗壳前装设进水阀或在水轮机流道上装设圆筒阀，可减轻含沙水流在停机状态下对水轮机导叶的磨蚀，并减小导叶漏水量。对于压力管道较长或年运行小时较短的中、高水头单元输水系统，在水轮机蜗壳前装设进水阀或在水轮机流道上装设圆筒阀，有利于减小水轮机导叶漏水量，但同时增加了投资，另外筒形阀的制造、安装和运行经验目前较少。因此，应进行技术经济论证。对于由一根压力管道输水管分叉供给几台水轮机流量时，每台水轮机都应装设进水阀。对于单元压力管道输水管，是否装设进水阀应经技术经济比较后确定。技术经济比较应考虑以下内容：

1 进水阀门的年经费（包含年运行费和折旧费）；

2 厂房桥式起重机增加部分的年经费；

3 厂房土建增加部分的年经费；

4 进水阀门水头损失的年损失额；

5 不装设进水阀门时水轮机导叶漏水损失的年损失额；

6 不装设进水阀门时，由于水轮机导叶漏水引起的停机检修损失的电量。

5.1.7 电站主厂房装设的桥式起重机大梁下可配置电动葫芦，用于起吊重量较小的设备，达到省电的目的。

5.1.10 现行国家标准《容积式空气压缩机能效限定值及能效等级》GB 19153适用于直联便携式往复活塞空气压缩机、微型往复活塞空气压缩机、全无油润滑往复活塞空气压缩机、一般用固定的往复活塞空气压缩机、一般用喷油螺杆空气压缩机、一般用喷油滑片空气压缩机。

5.2 电　　工

5.2.1、5.2.2 由于电气设备的运行能耗大小既影响电（泵）站运行的安全性，又影响运行的经济性，因此在电气设计过程中，所有电气设备在满足安全稳定运行条件下，同时应具有较高的经济运行指标，以控制运行能耗、提高工程的整体效益。

5.2.3 为了缩短低压配电距离、减少电压损失、提高供电可靠性，需根据工程规模、厂用负荷及分布、枢纽布置及地区电网等条件，通过技术经济比较确定设置厂用电供电方式和电压等级等；低压厂用电电压应按不同区域、不同特性的负荷分别设置独立低压配电系统。

低压厂用电配电屏宜靠近负荷中心，以缩短电缆长度，节省投资，改善配电质量。低压厂用电主配电屏尽可能与中央控制室或发电机电压配电装置布置在同一高程。对于布置在厂内干式变压器，宜与低压配电设备靠近布置，采用硬母线连接，以缩短电气距离、减少电能损耗，增加运行可靠性。

5.2.5 随着变压器生产制造工艺和水平的不断提高，变压器的性能已有了非常大的提高，选择低损耗的变压器会带来更多的能源效益。应根据电站主接线方案、电站年利用小时数及发电机功率因数等条件，确定主变压器空载和负载年损耗小时数，提出空载损耗和负载损耗电能。变压器的最终确定应有经济技术比较。S11 系统是目前推广应用的低损耗变压器，空载损耗较 S9 系列低75%左右，其负载损耗与 S9 系列变压器相等。

变压器冷却方式的选择宜符合《电力变压器选用导则》GB/T 17468 的规定。

现行国家标准《三相配电变压器能效限定值及节能评价值》GB 20052 适用于三相 10kV、无励磁调压额定容量 30kV · A ~ 1600kV · A 的油浸式和额定容量 30kV · A ~ 2500kV · A 干式配电变压器。能效限定值是在规定测试条件下，配电变压器空载损耗和负载损耗的标准值（W）。节能评价值是在规定测试条件下评价节能配电变压器空载损耗和负载损耗的标准值（W）。

5.2.6 现行国家标准《中小型三相异步电动机能效限定值及能效等级》GB 18613 适用于 690V 及以下电压、50Hz 三相交流电源供电，能效 2 级和能效 3 级的额定功率在 0.55kW ~ 315kW 范围内，能效 1 级的额定功率在 3kW ~ 315kW 范围内，极数为 2 极、4 极和 6 极，单速封闭自扇冷式、N 设计的一般用途电动机或一般用途防爆电动机。该标准规定了中小型三相异步电动机的能效等级、能效限定值、目标能效限定值、节能评价值。电动机能效等级分为 3 级，其中 1 级能效最高。能效限定值是指电动机在额定输出功率和 75% 额定输出的效率（%）均应不低于 3 级的规定。目标能效限定值是指效率（%）均应不低于 2 级的规定。电动机节能评价值在额定输出功率和 75% 额定输出功率的效率均应不低于 2 级。

5.2.10 目前，我国大部分电机用直接启动、Y/△控制启动、串接电抗器降压启动和自耦变压器降压启动。这些启动器价格低廉，通过降低电机的启动电压来减少启动电流，启动方式用分步跳跃上升的恒压启动，启动过程中存在 2 次冲击电流和转矩，且控制回路复杂，电机冲击电流大、冲击转矩大、冲击力矩大、效益低。晶闸管调压软启动器又称智能马达控制器（SMC），它是微处理器和大功率晶闸管相结合的新技术，通过改变晶闸管的导通角来实现电机电压的平稳升降和无触点通断，启动电流可根据负载情况任意设定。目前国内外晶闸调压软启动器技术已日趋成熟，且多数已具备多种保护功能，如短路、过载、断相等，既能改变电机的启动特性，保护拖动系统，又能保证电机可靠启动，降低启动冲击和能耗，提高效益，且配有计算机通信口，可与计算机、工控机联网，实现智能控制，是实现电机精确控制，替代传统启动器的理想选择。变频调速软启动器用变频器控制的电机可恒转矩启动，启动电流限制在 150% 的额定电流内，在低速时可任意调节电机转矩，满足有特殊要求的电机控制。目前国际上用的高压变频方案主要有高 - 低 - 高变频调速系统及直接高压变频调速系统，两种方案的投资都较大，技术较复杂，对不需调速的大型动力设备来说，仅为了启动而投资，不经济。

5.2.11 电站照明应根据现行行业标准《水力发电厂照明设计规范》DL/T 5140 要求，除在电站内颜色识别、视觉效果要求高的场所采用白炽灯外，其他场所应选用节能高效光源产品。在选择光源时，不单是比较光源价格，更应进行全寿命期的综合经济分析比较，因为一些高效、长寿命光源，虽然价格较高，但使用数量减少，运行维护费用降低，经济上和技术上可能是合理的。绿色照明工程是国家“十一五”期间推广的十大重点节能工程之一，选用细管荧光灯加电子整流器可比传统照明灯具节约40%以上的耗电量，该技术目前在我国已大面积推广，其灯具的使用寿命也达到了较为理想的程度。

3 本款规定了荧光灯灯具和高强度气体放电灯灯具的最低效率值，以利于节能。这些值是根据我国现有灯具效率制定的。在调查的荧光灯灯具中，带反射器开敞式的灯具效率大于75%的占84.6%；带透明罩的效率大于65%的占80%；带磨砂、棱镜罩的灯具效率大于55%的占86%；带格栅的效率大于60%的占58%。对于高强度气体放电灯灯具，带反射器开敞式的效率大于75%的占80%；带透光罩的效率大于60%的占62%。

4 现行国家标准《普通照明用双端荧光灯能效限定值及能效等级》GB 19043适用于标称功率在14W～65W，采用交流电源频率带启动器的预热阴极双端荧光灯及采用高频工作的预热阴极双端荧光灯。双端荧光灯能效等级分为3级，其中1级最高。高光效系列（14W、21W、28W、35W）双端荧光灯的节能评价值为能效等级的1级，其余双端荧光灯节能评价值为能效等级的2级。各能效等级双端荧光灯光通维持率在燃点2000h时，应符合现行国家标准《双端荧光灯　性能要求》GB/T 10682中的规定。

现行国家标准《普通照明用自镇流荧光灯能效限定值及能效等级》GB 19044适用于额定电压220V、频率50Hz交流电源，标称功率为60W及以下，把控制启动和稳定燃点部件集成一体的自镇流荧光灯。自镇流荧光灯能效等级分为3级，其中1级能效最高。各能效等级的自镇流荧光灯在燃点2000h时，其光通维持率均不应低于80%。

现行国家标准《单端荧光灯能效限定值及节能评价值》GB 19415适用于具有预热式阴极的装有内启动装置或使用外启动装置的单端荧光灯。单端荧光灯光通维持率在燃点2000h后，其光通维持率不低于80%。

现行国家标准《高压钠灯能效限定值及能效等级》GB 19573适用于作为室内外照明用的，且带有透明玻壳的高压钠灯，功率范围为50W～1000W，配以相应的镇流器和触发器，在额定电压92%～106%的范围内正常启动和燃点。高压钠灯节能评价值不应低于能效等级中2级的要求。在燃点到2000h时，50W、70W、100W、1000W光通维持率不应低于85%，150W、250W、400W光通维持率不应低于90%。

现行国家标准《金属卤化物灯能效限定值及能效等级》GB 20054 适用于功率为175W~1500W 透明玻壳的金属卤化物灯。金属卤化物灯节能评价值不应低于能效等级中2级的要求。光通维持率在燃点到2000h时，175W、250W、400W、1000W 不应低于75%；1500W 燃点到500h，光通维持率不应低于75%。

5 采用电子镇流器，使灯管在高频条件下工作，可提高灯管光效和降低镇流器自身功耗，有利于节能，并且发光稳定，消除了闪频和噪声，有利于提高灯管寿命。当采用高压钠灯和金属卤化物灯时，宜配用节能型电感镇流器，它比普通的电感镇流器节能。在电压偏差较大的场所，采用高压钠灯和金属卤化物灯时，为了节能和保持光输出稳定，延长光源寿命，宜配用恒功率镇流器。

现行国家标准《管形荧光灯镇流器能效限定值及节能评价值》GB 17896 适用于220V、50Hz交流电源供电，标称功率在18W~40W的管形荧光灯所用独立式电感镇流器和电子镇流器。

现行国家标准《高压钠灯用镇流器能效限定值及节能评价值》GB 19574 适用于额定电压220V、频率50Hz交流电源，额定功率为70W~1000W高压钠灯用的独立式和内装式电感镇流器。

现行国家标准《金属卤化物灯用镇流器能效限定值及能效等级》GB 20053 适用于额定电压220V、频率50Hz交流电源，额定功率为175W~1500W单端金属卤化物灯用LC顶峰超前式和内装式电感镇流器。该镇流器能效等级分为3级，其中1级能效最高。不同额定功率金属卤化物灯用镇流器的节能评价值不应小于2级的规定。

7 本款所述室外照明的照明器安装位置较高，布置分散，且在夜间投入，应采用专用控制箱集中控制。生产、运行的厂房内照明器数量多，若采用分散控制，会给生产、运行人员带来不必要的麻烦，宜采用集中控制方式。经常无人值班的场所、通道、楼梯间、廊道出入口处照明开断次数少，所设置的开关数量亦较少，从节能出发，应分散控制。水电站应根据房间用途和分类，合理选择照明灯具及智能节电控制装置。

5.3 金属结构

5.3.2、5.3.3 闸门的结构和布置型式、闸门支承型式应合理选择和布置，以优化启闭机容量和行程（扬程）。当启闭设备容量较大时，宜采用变频控制，以降低启动电流并提高运行效率，达到降低能耗的目的；同时变频技术的采用，可以减少电机启制动时的冲击，优化设备的运行状态，从而延长设备的使用寿命，降低日常维护和保养费用。

5.3.5 设置拦污栅应根据电站的重要性，杂物的性质、数量及对拦污栅的要求来考虑，从布置上尽可能利用水流流向及有利的地形位置等条件，尽量避免和减少杂物在拦污栅前沿积聚，并使进栅水流平顺、阻力损失小、清理方便，以及便于安装、检修和更换。

拦污栅的过栅流速一般控制在1m/s～1.2m/s，对于低水头水电厂，拦污栅水头损失占总水头的比重较大，过栅流速应适当减小。拦污栅栅条间的净距：对于轴流式和贯流式水轮机可按（1/30～1/20）倍转轮直径计算，但不大于导叶的最大开度；对于混流式水轮机可按（1/40～1/30）倍转轮直径计算，但不应大于转轮叶片之间的最小净距。其中，转轮直径大于或等于7.5m时取小值。拦污栅栅条间的最大净距不宜大于250mm，最小净距不宜小于50mm。在满足保护水轮机的前提下，栅条间的净距可适当加大，以便于清污和减少水头损失。

5.4 采暖通风与空气调节

5.4.1 根据水电站（泵站）的特点，为贯彻先进、适用、经济和节能的设计原则，应合理利用天然冷、热源和选用节能、可靠的新设备、新材料。

5.4.2 国家节能指令第四号明确规定："新建采暖系统应采用热水采暖"。实践证明，采用热水作为热媒，不仅对采暖质量有明显的提高，而且便于进行节能调节。因此，明确规定应以热水为热媒。

5.4.3 推荐地面式厂房优先采用自然通风，其主要原因是：自然通风具有投资少、基本不耗电、经济、管理简单等优点。当自然通风达不到室内空气参数要求时，采用辅助以机械通风的自然通风或其他通风或空气调节的方式。

地下厂房一般要求用机械通风，但在有条件利用交通洞、母线洞、排风竖井形成热压差，使空气对流并满足室内换气要求时，也可采用自然通风和部分自然通风，以节省投资、简化通风系统和运行费用。空气调节装置的冷源应尽量利用水库底层低温水或其他天然冷源，可简化空气调节系统和降低空气调节系统运行成本。只有在天然冷源不能满足要求或没有条件利用天然冷源时，可以局部或全部采用人工制冷的方式。

5.4.4 在现有的许多空调工程设计中，由于种种原因一些工程采用了土建风道（指用砖、混凝土、石膏板等材料构成的风道）。从实际调查结果来看，这种方式带来了相当多的隐患，其中最突出的问题就是漏风严重，而且由于大部分是隐蔽工程无法检查，导致系统调试不能正常进行，处理过的空气无法送到设计要求的地点，能量浪费严重。同时由于混凝土等墙体的蓄热量大，没有绝热层的土建风道会吸收大量的送风能量，严重影响空调效果，因此对这类土建风道或送风静压箱提出严格的防漏风和绝热要求。

5.4.5 为了节省运行中的能耗，供热与空调系统应配置必要的监测与控制。但实际情况错综复杂，作为一个总的原则，设计时要求结合具体工程情况通过技术经济比较确定具体的控制内容。对于间歇运行的空调系统，在保证使用期间满足要求的前提下，应提前系统运行的停止时间和推迟系统运行的启动时间，这是节能的重要手段。

5.4.6 现行国家标准《房间空气调节器能效限定值及能源效率等级》GB 12021适用于采用空气冷却冷凝器、全封闭型电动机－压缩机，制冷量在14000W及以下的房间空气调节器。

现行国家标准《单元式空气调节机能效限定值及能源效率等级》GB 19576适用于名义制冷量大于7100W、采用电机驱动压缩机的单元式空气调节机、风管送风式和屋顶式空调机组。标准规定了单元式空气调节机能源效率限定值、节能评价值、能源效率等级。

现行国家标准《通风机能效限定值及能效等级》GB 19761适用于一般用途的离心通风机、轴流通风机及空调离心通风机，分别规定了通风机的能效限定值和节能评价值。对于采用普通电动机的通风机，能效限定值和节能评价值分别按使用区最高通风机效率进行规定。风机传动方式选择次序应为A式（直联）、D式（联轴器）和C式（三角皮带）。

现行国家标准《冷水机组能效限定值及能源效率等级》GB 19577适用于电机驱动压缩机的蒸汽压缩循环冷水（热泵）机组。

6 施工节能设计

6.1 施工总布置

6.1.2、6.1.3 施工分区规划及营地设置是否合理，关系到施工节能效果，故应特别重视。

6.1.4、6.1.5 施工总布置节能设计的重点是研究利用工程开挖料作为坝体填筑料及混凝土骨料的可能性，做好土石方挖填平衡，统筹规划堆渣、弃渣场地。

6.1.6 施工交通运输应综合考虑节能与降耗的关系，经比较选择对外交通运输方案，进行场内交通规划。

6.1.7 鉴于转运站投资一般较大，故转运站设置宜利用或租用已有的转运设施。

6.2 工程施工

6.2.1 由于施工导流方案的选择也涉及节能问题，故在施工节能设计中亦应同时考虑这方面的影响因素。

6.2.2 不同动力类型的施工机械在高海拔地区使用时，其功率和生产能力随高程的增加将有所下降，但下降的程度不尽相同。因此，在机械配备和选型时应予以高度重视。

据统计，在海拔3000m左右的高寒地区，以非增压的柴油机械的有效功率下降值最大（达32%），汽油机械、通风机及空气压缩机次之（分别为27%、26%、16%），电动机械下降值最小（约为8%）。因此，设备选型时应避免选用有双重损失的内燃空气压缩机。对凿岩机等进气不膨胀的风动机械，虽功率和消耗的空气重量变化甚微，但空气压缩机效率降低较多，压气站规模必须加大，因此设备选型时宜优先选用电动机械。

上述机械设备的定额系数，柴油机械为1.47，汽油机械为1.37,空气压缩机为1.36，电动机械为1.10。

6.2.3～6.2.8 工程施工中所使用的施工机械设备主要有土石方施工设备、基础处理施工设备、混凝土施工设备、机电和金属结构安装施工设备等，消耗的能源用于驱动施工机械设备。

6.2.9 地下工程施工时，支洞的布置应满足下列节能要求：

1 采用钻爆法施工时，施工支洞间距不宜超过3km；

2 地形、地质条件允许时，施工支洞洞线宜短，且宜考虑平洞；

3 施工支洞应满足地下洞室群分层开挖的需要和通风排烟要求。

地下工程施工时，运输方式及设备的选择应满足下列节能要求：

1 对于长隧洞施工，无轨运输与有轨运输方式选择，须依照隧洞断面大小、纵坡及施工机械，经综合比较后确定；

2 设备通用性强，能在工程施工中持续使用。

地下工程施工时，通风方式及参数选择应遵循下列原则：

1 施工安排尽早形成自然通风条件，在未形成自然通风前，采用机械通风；

2 独头进尺长度大于1km时，宜采用混合式通风方式。

6.3 施工工厂设施

6.3.2～6.3.6 施工工厂设施的节能设计主要是针对砂石加工系统、混凝土生产系统、施工供风系统、施工供水系统、施工供电系统等进行的。

7 工程管理节能设计

7.0.1 测报系统和数据采集系统等优先采用集中控制，采用遥测、通信、计算机等先进技术建设自动化的系统工程。

7.0.2 工程调度、运行宜采用远程控制，一般工程遵循“无人值班，少人值守”的原则，采用先进的自动化控制系统，优化调度管理系统可节约大量的人力、物力。对于水库等综合利用工程的调度尤为重要，优化调度运行方案可减少弃水而增加能源利用率。

7.0.4 工程的运行能耗直接影响运行成本和工程效益。应根据各类工程的特点，对工程运行中的主要耗能设备和系统进行能耗计量或监测，如泵站水泵机组年耗电量和供水量、厂用电系统用电量、管理建筑物年耗能、管理车辆年油耗等。

8 节能效果综合评价

8.1 主要节能措施及其评价

8.1.1、8.1.2 分别从工程规划与总布置、建筑物、机电及金属结构、施工组织设计和工程管理等方面对水利水电工程设计中采取的主要节能降耗措施进行概括总结和评价。

8.2 能 源 消 耗

8.2.1 工程的能耗种类和数量按施工期和生产经营期分别计算。

8.2.2 工程施工期消耗的能源包括用于施工机械设备、施工辅助生产系统、交通运输系统、生产性建筑物、生活性建筑物等的能源。

1 根据工程设计方案、主体建筑物工程量及其施工方法、施工机械化水平、施工工期等，分析说明施工生产过程中主要用能设备、负荷水平、使用台班数，计算施工生产过程中的能耗种类和数量。

2 根据施工辅助生产系统（包括砂石加工系统、混凝土生产系统、施工交通运输系统、压缩空气系统、供水系统和综合加工系统等）的规模、分析说明主要能耗设备、负荷水平、台班数，计算施工辅助生产系统的能耗种类和数量。

3 根据主体工程施工用建筑、施工工厂区建筑、建筑材料开采加工区建筑和设备材料仓储建筑等生产性建筑物的规模、型式、负荷水平，计算生产性建筑物的能耗种类和数量。

4 按施工期各营地（包括施工管理区及工程建设管理区）及其生活配套设施的规模、负荷水平，计算其能耗种类和数量。

5 在上述各项统计分析的基础上，综合分析工程施工期能源利用的总体情况，确定工程施工期能耗种类和总量。

8.2.3 运行期用能为工程投入使用后用于永久设备运行和生产、管理建筑物运用等所需的能源。

1 根据电（泵）站机组及油、气、水等生产辅助系统的主要用能设备及年运行时间，计算机组及生产辅助系统年耗能种类及数量。

2 根据工程金属结构设备配置和运行调度要求，计算金属结构设备运行年耗能种类及数量。

3 根据厂房、主变室、开关站（变电站）、中控室及其他生产性建筑的型式、规模和功能要求，以及各建筑物的暖通空调系统、照明系统、给排水系统的设计方案，计算各建筑物用能种类和能耗数量。

4 根据工程运行管理需要而配套的办公设施的建设规模、设计标准和主要设备配置，计算工程管理设施和设备的用能种类和数量。

5 在上述各项统计分析的基础上，综合分析工程运行期能源利用的总体情况，确定工程运行期能耗种类和总量。

8.2.4 水利水电工程建设施工期间、生产经营期的能耗总量按国家或地方制定能耗综合指标中的能耗单位进行换算，可统一水利水电工程的能耗指标的计算标准。

8.3 节能效果综合评价

8.3.1 我国的综合能耗指标为能源利用效率指标，定义为每产生万元 GDP（国内生产总值）所消耗掉的能源数量（标准煤）。目前国家、地方都制定了经济发展的国内生产总值能耗综合指标，一般以吨标准煤/万元 GDP 为单位。为便于节能效果综合评价，水利水电工程的综合能耗指标按项目计算期内工程的能耗总量给国民经济带来的净效益进行计算。

1 项目计算期

项目计算期是水利水电工程为进行动态经济分析所设定的期限，包括建设期（施工期）和生产经营期（运行期），一般以年为单位。建设期是指项目资金正式投入工程开始，至项目基本建成开始投产所需时间，具体年限根据项目实施计划确定。生产经营期可分为投产期（或称运行初期，下同）及达产期（或称正常运行期，下同）两个阶段。投产期是指项目投入生产，但生产能力尚未达到设计能力的过渡阶段。达产期是指生产经营达到设计预期水平后的期间。水利水电建设项目的计算期包括建设期、运行初期和正常运行期。正常运行期可根据项目的经济寿命和具体情况，按以下规定研究确定：

防洪、治涝、灌溉、城/镇供水等工程：30 年 ~50 年；

大、中型水电站：40 年 ~50 年；

机电排灌站、小型水电站：15 年 ~25 年。

项目计算期不宜定得太长，特别是新财务制度规定折旧年限缩短后，一般以不影响经济评价结论为原则。通常对于建设工期长、发挥效益持久或在正常运行期内效益不断增长的水利水电建设项目，以采用较长的生产期较为合理；如果以替代方案费用作为评价水利水电建设项目的效益时，则可以采用较短的计算期。

对分期建设的工程，最终规模之前的各期工程生产经营期（运行期）相应按各期工程的设计水平年确定。

2 水利水电工程功能效益

1）防洪效益。水利水电项目的防洪效益，按该项目可减免的洪灾损失和可增加的土地开发利用价值计算，以多年平均效益和特大洪水年效益表示。

2）治涝效益。治涝效益是指水利水电项目的治涝工程在排除当地降雨造成的涝灾中所减少的损失。治涝效益可分直接效益和间接效益两部分。直接效益主要指因修建治涝工程而减少的农业、林业、牧业、副业和渔业的损失，房屋设施和物资损坏所造成的损失，工矿停产、商业停业、交通、电力、通信中断等造成的损失，以及抢排涝水及救灾费用支出的减少等。间接效益主要指减少因农业原料不足而造成的农副业、工业产值损失以及减少灾区疾病传染、精神痛苦和环境卫生条件恶化费用的支出等。

3）灌溉效益。因灌溉项目实施产生的农作物增产和质量提高的效益称为灌溉效益。由于农业增产和质量提高是水利、土壤、肥料、植保和管理等农业综合措施综合作用的结果，所以，灌溉效益应在水利和农业两部门间进行分摊。灌溉效益量值常常随着降雨量的减少而增大，由于降雨年际变化较大，灌溉效益常以多年平均效益、设计年效益和特大干旱年效益来表示。

4）城乡供水效益。城乡供水效益是指供水项目向城乡工矿企业和居民提供生产、生活用水可获得的效益，以多年平均效益、设计年效益和特大干旱年效益表示。

5）水力发电效益。水利水电建设项目的水力发电效益主要是指向电网或用户提供的电力和电量。通常可用最优等效替代法或影子电价法进行计算。

6）抽水蓄能电站效益。抽水蓄能电站效益是指抽水蓄能电站在电力系统中的调峰填谷及运行灵活所产生的效益，主要包括提供可靠的峰荷容量、电量转换、调频、旋转备用、调相、快速跟踪负荷及提高系统可靠性等效益，可概括为容量效益和电量效益。抽水蓄能电站的效益应进行定量分析，但要防止重复计算。计算方法应以替代方案法为主，有条件时也可采用投入产出法。

7）航运效益。水利水电的航运效益应按该项目提供或改善通航条件所获得效益计算。通常水利水电工程建成后，可以改善枢纽上、下游的航道条件。此外，水利水电工程的建设使航道的整治和疏滩等维护管理费用减少，船舶运转周期缩短，船舶载重率增加。同时水利水电工程建设，增加了船舶过坝环节和时间，工程施工期有可能影响航行，有时在水电站下游流量时多时少情况下，产生不稳定流对航行安全也十分不利等。水利水电项目的航运效益具有下述三个特点：①既有正效益，又有相对于其他功能如防洪、灌溉、发电来源的负效益；②航运效益发挥过程较长，一般要经过几十年时间才能达到设计水平；③社会效益和间接效益较大，且航运效益应由航道、船舶、港口三部分共同完成，所以，水利水电项目航运效益一般应与港口码头和船舶结合在一起计算。航运效益可采用最优等效替代费用法或对比法进行计算。

8）渔业效益。渔业效益按利用该项目提供的水域，结合其他措施进行了水产养殖所获得的效益计算。主要计算方法有增加收益法和最优等效替代法。

9）牧区水利效益。牧区水利效益是指草场牧区通过水利建设提供人畜饮水、草场灌溉所获得的效能和利益。牧区水利建设具有小型、分散、数量多的特点，其效益按建设项目可发展草原灌溉和提供人畜饮水所获得的价值量计算。

3　水利水电项目的净效益

水利水电工程净效益按项目综合效益扣除运行费用进行计算，并应按国家或地方制定的国内生产总值能耗综合指标基准年的价格水平进行折算。

水利水电工程综合效益由水利水电项目各功能效益组成。根据掌握资料和各功能特点不同，水利水电工程综合效益一般可以用下述三种途径进行计算。

1）增加收益法。即通过分析计算水利水电工程兴建后可增加的实物产品产量或经济效益，作为该工程或功能的效益。灌溉、城镇供水、水力发电和航运等一般采用这种途径来估算效益。

2）减免损失法。即以水利水电工程兴建后可以减免的国民经济损失作为该工程或功能的效益，它虽然不是工程本身的收益，但对国家或社会来讲，减免损失同样是一种收益。目前防洪、治涝工程一般用这种途径来估算效益。

3）替代工程费用法。即以最优等效替代措施的费用（包括投资和运行费）作为工程的效益，当国民经济发展目标已定时，均可用这种途径来估算效益。

由于综合利用水利水电项目各功能的国民经济效益发挥的过程以及计算口径和基础常不一致，因此，其综合效益常不能简单相加，即要使各部门的效益具有可加性：

1）如果综合利用水利水电项目各功能部门的效益均按传统常用方法（如防洪按减少洪灾损失和增加土地的利用价值计算；灌溉按增产效益计算等）或按最优等效替代法计算的，则可将各功能效益在计算期内的折现总值相加较为合适。

2）由于按最优等效替代方案支出费用法计算的效益中包括了直接效益和间接效益以及不可用货币定量计算的其他效益，因此，当有的功能部门是按最优等效替代方案费用计算效益，而有的功能部门是按增加收益或减少损失方法计算效益的，此时，就应对后一种方法求得的效益进行适当处理，如考虑间接效益等对其进行适当调整，并采用计算期内现值相加方法求得水利水电项目的综合效益。

4 示例

亭子口水利枢纽是嘉陵江干流中游以防洪、灌溉及城乡供水、发电为主，兼顾航运，并具有拦沙减淤等综合利用效益的控制性水利枢纽工程。枢纽主要由碾压混凝土重力坝、泄洪建筑物、坝后式电站厂房、灌溉引水首部建筑物、通航建筑物等组成。水库总库容为 40.67 亿 m^3，正常运用防洪库容为 10.6 亿 m^3，调节库容为17.32 亿 m^3；设计灌溉面积 292.14 万亩，多年平均供水量 12.61 亿 m^3；电站装机容量 1100MW，灌区工程实施并达到设计灌溉面积后，多年平均发电量为 30.09 亿 kW·h；通航建筑物为2×500吨级。工程筹建期 1 年，建设期 6 年；正常运行期取 40 年，项目计算期取 47 年，基准年为建设期第一年，基准点为第一年年初。

工程施工期、运行期能耗汇总统计分别见表 1、表 2；工程运行期的综合效益（2007年3季度价格水平）汇总统计见表3。

表1　施工期能耗统计汇总

耗能设施（设备和项目）	能　耗		折合标准煤（t）	比例（%）
	种类	数量		
土石方施工设备	柴油（kg）	32766480	47740.761	13.56
	电（kW·h）	15169440	6128.4538	
混凝土施工设备	柴油（kg）	4169280	6074.64	5.07
	电（kW·h）	32278050	14040.33	
制冷工艺	电（kW·h）	66400000	26825.6	6.75
砂石、混凝土加工系统	电（kW·h）	108134770	43686.45	10.99
综合加工企业	电（kW·h）	18960000	7659.84	1.93
生产供水	电（kW·h）	41040000	16580.16	4.17
施工交通（对外交通）	柴油（kg）	154000000	224378	56.47
生产性建筑	电（kW·h）	1491707	602.65	0.15
生活性建筑	电（kW·h）	8069396	3620	0.91
合计	—	—	397336.89	100%

表2　运行期每年能耗统计汇总

耗能设施（系统及设备）	能　耗		折合标准煤（t）	比例（%）
	种类	数量		
机组辅助设备	电能（万kW·h）	96.36	308.35	5.04
水力机械辅助设备	电能（万kW·h）	222.01	710.43	11.62
电气及照明设备	电能（万kW·h）	1143.65	3659.68	59.90
通风空调	电能（万kW·h）	37.7	120.64	1.97
给排水	电能（万kW·h）	0.146	0.47	0.01
升船机	电能（万kW·h）	326	1043.2	17.08
运行管理	电能（万kW·h）	59.6	190.72	3.13
其他	电能（万kW·h）	23.84	76.29	1.25
合计	电能（万kW·h）	1909.306	6109.78	100

按2005年价格水平折算，工程运行期的综合效益为4854049万元。

表3　工程运行期内的综合效益及净效益汇总统计

序号	效益名称	单　位	数　量
1	综合效益	万元	8249520
	防洪效益	万元	2261280
	灌溉及供水效益	万元	762840
	发电效益	万元	4549600
	航运效益	万元	515800
	拦沙减淤效益	万元	160000
2	运行费用	万元	2973380
	运行成本费用	万元	2520480
	更新改造费用	万元	452900
3	净效益	万元	5276140

按上述参数计算，该工程的综合能耗指标 η =（397336.89 + 40 × 6109.78）/4854049 = 0.132吨标准煤/万元，远小于国家制定的“十一五”期末万元国内生产总值能耗下降到0.98吨标准煤的要求。

8.3.2　与化石能源相比，水电为清洁能源，水力发电和抽水蓄能项目还具有减排温室气体、其他污染物的作用。由于水利水电工程的功能效益计算中不包含此类环境效益，因此，采用化石能源替代法对水力发电和抽水蓄能项目进行减排效益进行评价。

如上述工程，按年设计发电量30亿kW·h计，工程年发电相当于消耗120万吨标准煤，年替代煤炭168万t。工程建成后，按每年可减少原煤消耗168万t计算，每年可减少二氧化硫和烟尘的排放量分别为6.59万t和23.81万t（燃煤电厂原煤燃烧产生二氧化硫和烟尘的排放因子分别为39.2kg/t和141.75kg/t计），减排二氧化硫及烟尘效益非常显著。

8.3.3　将分析的工程能耗指标与国家、地方要求的国内生产总值能耗综合指标进行比较分析，若小于国内生产总值能耗综合指标，则可判别工程项目符合节能设计的要求，反之则不符合节能设计的要求。“十一五”期间的国内生产总值能耗综合指标可按国民经济和社会发展“十一五”规划纲要中明确的指标选取，“十一五”之后的能耗综合指标按国家公布的节能减排目标确定。

以工程能耗指标是否符合节能设计要求为基础，结合工程项目在国家、地方所起的作用，宏观评价工程项目是否符合国家、地方关于节能减排的法律、法规的要求；对工程的总体布置、施工组织、机电设备选型及运行中采用的节能措施等进行综合评价，是否满足节能降耗要求。

风力发电项目篇

风力发电项目节能评估报告编制指南

（封面）

项 目 名 称（二号黑体）

节能评估报告（一号黑体）

建设单位名称：（小二宋体）

评估单位名称：（小二宋体）

年　　月（三号宋体）

（扉页）

项 目 名 称（二号黑体）

节能评估报告（一号黑体）

建设单位名称：（盖章，小二宋体）

评估单位名称：（盖章，小二宋体）

年　　月（三号宋体）

项目节能评估单位资质

（证明节能评估单位具备相应专业、服务范围和能力水平的文件）

评估人员

	姓名	专业	职称	签字
项目负责人				
技术负责人				
项目组成员				
报告编制人				
报告复核人				
报告审核人				
报告审定人				

项目摘要表

<table>
<tr><td rowspan="10">项目概况</td><td>项目名称</td><td colspan="4"></td></tr>
<tr><td rowspan="2">项目建设单位</td><td colspan="2" rowspan="2"></td><td>联系人及电话</td><td></td></tr>
<tr><td>传真</td><td></td></tr>
<tr><td rowspan="2">节能评估单位</td><td colspan="2" rowspan="2"></td><td>联系人及电话</td><td></td></tr>
<tr><td>传真</td><td></td></tr>
<tr><td>项目建设地点</td><td colspan="2">省 市 县</td><td>所属行业</td><td></td></tr>
<tr><td>项目性质</td><td colspan="2">□新建 □改建 □扩建</td><td>总投资</td><td></td></tr>
<tr><td>投资管理类别</td><td colspan="4">□审批 □核准 □备案</td></tr>
<tr><td>项目拟开工
及投产时间</td><td colspan="4"></td></tr>
<tr><td>建设规模和
主要内容</td><td colspan="4"></td></tr>
<tr><td rowspan="13">项目年耗能量</td><td>主要能源种类</td><td>计量单位</td><td>年需要实物量</td><td>折标系数</td><td>折标煤量（tce）</td></tr>
<tr><td rowspan="2">电力</td><td rowspan="2">万 kWh</td><td rowspan="2"></td><td>（当量值）</td><td></td></tr>
<tr><td>（等价值）</td><td></td></tr>
<tr><td>汽油</td><td>t</td><td></td><td></td><td></td></tr>
<tr><td></td><td></td><td></td><td></td><td></td></tr>
<tr><td colspan="3" rowspan="2">综合能源消费量（tce）</td><td>当量值</td><td></td></tr>
<tr><td>等价值</td><td></td></tr>
<tr><td>耗能工质种类</td><td>计量单位</td><td>年需要实物量</td><td>折标系数</td><td>折标煤量（tce）</td></tr>
<tr><td></td><td></td><td></td><td></td><td></td></tr>
<tr><td></td><td></td><td></td><td></td><td></td></tr>
<tr><td colspan="4">耗能工质总量（tce）</td><td></td></tr>
<tr><td colspan="3" rowspan="2">年耗能总量</td><td>当量值</td><td></td></tr>
<tr><td>等价值</td><td></td></tr>
</table>

续表

<table>
<tr><td rowspan="3">项目能效指标对比</td><td>项目
指标名称</td><td>本项目
（评估前）</td><td>本项目
（评估后）</td><td>国内
先进水平</td><td>国际
先进水平</td><td>对比
结果</td></tr>
<tr><td>场用电率（%）</td><td></td><td></td><td></td><td></td><td></td></tr>
<tr><td>综合场用电率（%）</td><td></td><td></td><td></td><td></td><td></td></tr>
<tr><td rowspan="2">对所在地能源消费影响</td><td>对所在地能源消费增量的影响</td><td colspan="5"></td></tr>
<tr><td>对所在地完成节能目标的影响</td><td colspan="5"></td></tr>
<tr><td colspan="7">节能评估前项目采取的主要节能措施：
(1)
(2)
(3)</td></tr>
<tr><td colspan="7">节能评估前项目建设方案、用能工艺、耗能设备、节能措施等方面存在的主要问题：
(1)
(2)
(3)</td></tr>
<tr><td colspan="7">节能评估提出的主要节能措施及节能效果：
(1)
(2)
(3)</td></tr>
<tr><td colspan="7">项目年节能量（tce）</td></tr>
</table>

目　录

6.1　项目能源供应及落实情况

6.2　项目对所在地能源消费增量的影响评估

6.3　项目对所在地完成节能目标的影响评估

6.4　本章评估小结

7　结论与建议

7.1　结论

7.2　建议

8　附件

1. 风电场总平面布置图
2. 升压站平面布置图
3. 集控楼平面布置图
4. 集电线路路径规划图
5. 电气主接线图
6. 场用电接线图

前　　言

简述项目节能评估的目的、意义、方法及过程。

简述项目建设背景及各项前期工作进展情况。

1　评估内容与依据

1.1　评估范围和内容

以项目投资建设内容为依据明确评估范围和用能系统边界，据此对项目能源消费情况、建设方案、主要工艺能耗情况、主要耗能设备能效水平、节能措施、对所在地能源供应、消费和节能目标的影响等方面开展评估工作。

1.2　评估依据

1.2.1　政策性依据

（1）与节能评估相关的国家法律、法规、规划、行业准入条件、产业政策。

（2）与节能评估相关的地方法规、规划、行业准入条件、产业政策。

（3）节能工艺、技术、装备、产品推荐目录，国家明令淘汰的用能产品、设备、生产工艺等目录。

1.2.2　标准与规范

（1）通用用能标准

（2）节能设计、节能技术与管理相关标准与规范

（3）用能设备能效等级标准

1.2.3　项目支撑性文件

项目可行性研究报告及其审查意见、接入系统设计报告及其评审意见等与项目节能评估相关的支撑性文件。

2 项目概况

2.1 项目建设单位概况

建设单位名称、性质、地址、邮编、法人代表、项目联系人及联系方式。

项目建设单位成立时间、注册资金、主要经营范围、基本财务指标（总资产、资产负债率、生产经营数据、利税数据等）、股东构成、股权结构比例、项目投资方情况等能够反映项目建设单位总体情况的内容。

2.2 项目基本情况

项目名称，建设地点，项目性质，建设规模及内容；项目建设方案概况；工程特性表；项目实施进度及目前的工作阶段；改、扩建项目需要对前期工程技术方案、用能情况、已采取的节能措施进行说明，分析前期工程存在的问题、节能潜力及改进措施等。

2.3 项目用能概况

项目供电方案（含备用电源）及用电量；用油种类、用途及用油量；水源及用水量等情况。

3 项目建设方案节能评估

3.1 项目选址、总平面布置节能评估

3.1.1 项目选址节能评估

论述本项目选址情况，对其进行节能评估，并给出评估结论。

3.1.2 总平面布置节能评估

论述本项目总平面布置等方面内容，对其进行节能评估，并给出评估结论。

3.2 主要工艺技术方案节能评估

对风力发电机组、低压电缆、升压变压器、集电线路、主变压器、无功补

偿装置、场内高压联络线（若有）、高压海底电缆（若有）等主要用能设备的技术方案、用能情况及先进水平进行评估。

列出各主要耗能设备型式、主要技术参数表等，对主要耗能设备能效水平进行评估，提出评估结论和建议。

3.3 辅助生产和附属生产系统节能评估

对配电系统、暖通系统、照明系统、给排水系统、建筑、运行维护车辆等辅助生产和附属生产用能系统的技术方案、用能情况及先进水平进行评估。

列出各耗能设备型式、主要技术参数表等，对耗能设备能效水平进行评估，提出评估结论和建议。

3.4 本章评估小结

4 节能措施评估

4.1 节能评估前项目采用的节能技术措施评估

论述开展节能评估工作前项目已采用的、有针对性的、节能效果显著的节能措施并测算其节能量。

4.2 节能评估提出的节能技术措施

依据项目节能评估提出的意见和建议，针对项目在节能方面存在的问题、可以继续提高的环节等，提出相应的节能措施或建设方案调整意见，并测算其节能量。

4.3 节能管理措施

论述项目节能管理措施、能源计量等方面采取的措施与方案，并进行评估。

4.4 本章评估小结

5 项目综合能耗和能效水平评估

5.1 节能评估前项目综合能耗和能效水平

依据相关规定、规范和标准的计算方法，核算节能评估前项目的年综合能源消费量、年综合能耗、场用电率、综合场用电率等指标。

5.2 节能评估后项目综合能耗和能效水平

（1）核算项目能源消费量和主要能效指标。依据项目节能评估提出的意见和建议、相关规定、规范和标准的计算方法，重新核算项目的年综合能源消费量、年综合能耗、场用电率、综合场用电率等指标。

（2）能源加工、转换和利用情况。根据《企业能量平衡网络图绘制方法》（GB/T 28749）和《企业能量平衡表编制方法》（GB/T 28751）分析项目能源加工、转换和利用情况。

5.3 项目能效水平评估

采用标准对照法、类比分析法、专家判断法等方法，通过与现行国家标准、行业标准、地方标准、产业政策规定、行业发布的权威数据或同类先进水平项目的数据进行能耗指标的对比分析，从而评估判断项目能耗指标达到同行业何种水平。

5.4 本章评估小结

6 项目能源消费及对所在地影响评估

6.1 项目能源供应及落实情况

项目电力（备用电源）、燃油、水等供应及落实情况。

6.2 项目对所在地能源消费增量的影响评估

根据项目所在地节能目标、单位地区生产总值能耗、地区生产总值、国民经济发展规划、能源发展规划等资料，计算项目所在地省、市两级能源消费增量预测限额。

计算项目综合能源消费量占所在地能源消费增量的比重，分析判断项目综合能源消费量对项目所在地能源消费的影响。

6.3 项目对所在地完成节能目标的影响评估

核算项目工业总产值和工业增加值。

根据项目综合能源消费当量值和等价值，计算单位工业增加值能耗和单位增加值能耗。

对比分析项目单位增加值能耗对项目所在地实现节能目标的影响。

6.4 本章评估小结

7 结论与建议

7.1 结论

参考以下内容进行总结。

（1）项目能源消费总量及结构；

（2）项目主要能效指标评估结果；

（3）项目综合能源消费量及对项目所在地能源消费的影响；

（4）项目单位增加值能耗及对项目所在地节能目标实现的影响；

（5）项目是否符合国家、地方和行业的节能相关法律法规、政策要求、标准规范；有无采用国家明令禁止和淘汰的落后工艺及设备；列出主要用能设备能效水平评估结果；

（6）项目采取的节能措施及效果评价。

7.2 建议

根据节能评估情况，指出项目在建设方案、节能技术和管理措施等方面存在的能评阶段无法解决的问题，或对能评阶段无法确定实施、但存在较大节能潜力的节能措施提出相关建议。

8 附件

1. 风电场总平面布置图
2. 升压站平面布置图
3. 集控楼平面布置图
4. 集电线路路径规划图
5. 电气主接线图
6. 场用电接线图

风力发电项目节能评估报告
编制指南说明

（封面）

项 目 名 称（二号黑体）

节能评估报告（一号黑体）

建设单位名称：（小二宋体）

评估单位名称：（小二宋体）

年　　月（三号宋体）

（扉页）

项 目 名 称（二号黑体）

节能评估报告（一号黑体）

建设单位名称：（盖章，小二宋体）

评估单位名称：（盖章，小二宋体）

年　　月（三号宋体）

【编制要点】

（1）封皮格式供参考。

（2）项目名称宜包括项目建设单位（申报单位）全称、建设规模、性质（新建、改扩建）等关键信息，例如：某公司某风电场二期30万千瓦海上风电项目。

（3）项目建设单位（申报单位）和节能评估单位应写明全称，并在扉页加盖单位公章。

（4）节能评估报告日期应以出版日期为准。

项目节能评估单位资质

（证明节能评估单位具备相应专业、服务范围和能力水平的文件）

评估人员

	姓名	专业	职称	签字
项目负责人				
技术负责人				
项目组成员				
报告编制人				
报告复核人				
报告审核人				
报告审定人				

【编制要点】

(1) 该表供参考，各节能评估单位可根据企业内部质量管理规定填写。

(2) 评估人员一般应包括但不限于以下专业：风能、电气、暖通、给排水、土建、技经。

项目摘要表

项目概况	项目名称				
	项目建设单位			联系人及电话	
				传真	
	节能评估单位			联系人及电话	
				传真	
	项目建设地点	省　　市　　县		所属行业	
	项目性质	□新建　　□改建　　□扩建		总投资	
	投资管理类别	□审批　　□核准　　□备案			
	项目拟开工及投产时间				
	建设规模和主要内容				
项目年耗能量	主要能源种类	计量单位	年需要实物量	折标系数	折标煤量（tce）
	电力	万 kWh		（当量值）	
				（等价值）	
	汽油	t			
	综合能源消费量（tce）			当量值	
				等价值	
	耗能工质种类	计量单位	年需要实物量	折标系数	折标煤量（tce）
	耗能工质总量（tce）				
	年耗能总量			当量值	
				等价值	

续表

<table>
<tr><td rowspan="3">项目能效指标对比</td><td>项目
指标名称</td><td>本项目
（评估前）</td><td>本项目
（评估后）</td><td>国内
先进水平</td><td>国际
先进水平</td><td>对比
结果</td></tr>
<tr><td>场用电率（%）</td><td></td><td></td><td></td><td></td><td></td></tr>
<tr><td>综合场用电率（%）</td><td></td><td></td><td></td><td></td><td></td></tr>
<tr><td rowspan="2">对所在地能源消费影响</td><td>对所在地能源消费增量的影响</td><td colspan="5"></td></tr>
<tr><td>对所在地完成节能目标的影响</td><td colspan="5"></td></tr>
<tr><td colspan="7">节能评估前项目采取的主要节能措施：
(1)
(2)
(3)</td></tr>
<tr><td colspan="7">节能评估前项目建设方案、用能工艺、耗能设备、节能措施等方面存在的主要问题：
(1)
(2)
(3)</td></tr>
<tr><td colspan="7">节能评估提出的主要节能措施及节能效果：
(1)
(2)
(3)</td></tr>
<tr><td colspan="7">项目年节能量（tce）</td></tr>
</table>

【编制要点】

（1）项目名称与能评报告封面的项目名称一致。

（2）项目建设单位和节能评估单位名称应填写全称。

（3）联系人为本单位本项目能评工作负责人，联系方式包括固定电话和移动电话。

（4）项目建设地点填写到县（市）一级。

（5）所属行业参照《国民经济行业分类》（GB/T 4754）填写。

（6）项目拟开工及投产时间，参考格式：项目计划于某年某月开工建设，某年某月首批机组建成投产，某年某月全部机组建成投产，建设工期多少个月。

（7）建设规模和主要内容，参考样例：

某风电场规划装机容量为300MW，分二期建设，一期已建装机容量为150MW。本期装机容量为150MW，拟安装100台单机容量1500kW的双馈风力发电机组。预计年发电量36000万kWh，年利用小时数2400h。主要建设内容包括100台风力发电机组、升压变压器、1座220kV升压站、电缆、建（构）筑物及场内交通工程等。

（8）能源折标系数参考《综合能耗计算通则》（GB/T 2589）。

（9）项目能效指标对比：评估前填写节能评估前本项目各项能效指标，评估后填写经节能评估提出各项节能措施、优化建设方案后本项目的各项能效指标。

（10）对所在地能源消费增量的影响：填写本项目综合能源消费量占项目所在地省、市两级能源消费增量的比例，分析其影响程度。

（11）对所在地完成节能目标的影响：填写本项目单位增加值能源消费量（简称：单位增加值能耗，单位增加值能耗 = 项目综合能源消费量（等价值）/项目增加值）对项目所在地单位GDP能耗节能目标的影响。

（12）节能评估前项目采取的主要节能措施：简要列出开展节能评估工作前项目已采用的、有针对性的、节能效果显著的节能措施。

（13）节能评估前项目建设方案、用能工艺、耗能设备、节能措施等方面存在的主要问题：简要列出节能评估过程中发现的对场用电率、综合场用电率等指标有较大影响的技术方案、设备能效、节能措施等方面存在的问题。

（14）节能评估提出的主要节能措施及节能效果：针对项目存在的问题，简要列出节能评估过程中提出的能够落实采用的、有针对性的、节能效果显著的节能措施及节能效果。

(15) 项目年节能量：项目采取的节能技术措施、节能管理措施所产生的节能效果。

目　　录

前　言

简述项目节能评估的目的、意义、方法及过程。

介绍项目建设背景及各项前期工作进展情况。

1　评估内容与依据

1.1　评估范围和内容

以项目投资建设内容为依据明确评估范围和用能系统边界，据此对项目能源消费情况、建设方案、主要工艺能耗情况、主要耗能设备能效水平、节能措施、对所在地能源供应、消费和节能目标的影响等方面开展评估工作。

1.2　评估依据

1.2.1　政策性依据

（1）与节能评估相关的国家法律、法规、规划、行业准入条件、产业政策。

（2）与节能评估相关的地方法规、规划、行业准入条件、产业政策。

（3）节能工艺、技术、装备、产品推荐目录，国家明令淘汰的用能产品、设备、生产工艺等目录。

1.2.2　标准与规范

（1）通用用能标准

（2）节能设计、节能技术与管理相关标准与规范

（3）用能设备能效等级标准

1.2.3　项目支撑性文件

项目可行性研究报告等与项目节能评估相关的支撑性文件。

【编制要点】

（1）上述评估依据应列出文件全称。

（2）评估依据要齐全、适用、且为最新版本，文号、标准编号要齐全，编写举例：

《中华人民共和国节约能源法》（国家主席令〔2007〕第77号）

《固定资产投资项目节能评估和审查暂行办法》（国家发展和改革委员会令〔2010〕第6号）

《综合能耗计算通则》（GB/T 2589—2008）。

（3）避免引用无关的评估依据。

2 项目概况

2.1 项目建设单位概况

建设单位名称、性质、地址、邮编、法人代表、项目联系人及联系方式。

项目建设单位成立时间、注册资金、主要经营范围、基本财务指标（总资产、资产负债率、生产经营数据、利税数据等）、股东构成、股权结构比例、项目投资方情况等能够反映项目建设单位总体情况的内容。

2.2 项目基本情况

项目名称，建设地点，项目性质，建设规模及内容；项目建设方案概况；主要经济技术指标表；项目实施进度及目前的工作阶段；改、扩建项目需要对前期工程技术方案、用能情况、已采取的节能措施进行说明，分析前期工程存在的问题、节能潜力及改进措施等。

【评估要点】

（1）项目建设方案概况应包含场址地质、气象、风能资源、交通运输、电网接入条件等；场区总平面布置、升压站及集控楼平面布置；风力发电机组型号与布置方案；电气设计方案（电气主接线方案、电气二次方案、接入电力系统方案）；配电系统、暖通系统、照明系统、给排水系统、建筑、运行维护车辆等方面内容。

（2）改、扩建项目需要对前期工程的建设方案如装机容量、风力发电机组型号及数量、主要耗能设备选型、技术方案、采取的节能措施、用能情况、能效指标等进行说明。重点分析前期工程存在的问题、已采取的节能措施、分析节能潜力及改进措施。

2.3 项目用能概况

项目供电方案（含备用电源）及用电量；用油种类、用途及用油量；水源及用水量等情况。

【编制要点】

数据样表见表 2 – 1：

表 2 – 1　项目综合能耗量（样表）

主要能源种类	计量单位	实物量	折标系数	折标准煤（tce）	来源
电力	万 kWh				
汽油	t				
新水	t				
…					
综合能耗	tce	当量值			
		等价值			

3　项目建设方案节能评估

3.1　项目选址、总平面布置节能评估

3.1.1　项目选址节能评估

论述本项目选址情况，对其进行节能评估，并给出评估结论。

【评估要点】

评估项目选址与地区风电发展规划的符合性。

从风能资源、地形地质、交通运输、电网接入条件、水源、施工条件、现有设施利用等方面分析项目选址对项目能源消费、输送和供给的影响。

3.1.2 总平面布置节能评估

论述本项目总平面布置等方面内容，对其进行节能评估，并给出评估结论。

【评估要点】

从场区总平面布置、风力发电机组布置、集电线路布置、升压站布置等方面，结合有关设计规范标准，分析判断项目总平面布置对场区内能源输送、分配、消费等环节的影响，是否有利于节能、提高能源利用率等。

3.2 主要工艺技术方案节能评估

对风力发电机组、低压电缆、升压变压器、集电线路、主变压器、无功补偿装置、场内高压联络线（若有）、高压海底电缆（若有）等主要用能设备的技术方案、用能情况及先进水平进行评估。

列出各主要耗能设备型式、主要技术参数表等，对主要耗能设备能效水平进行评估，提出评估结论和建议。

【评估要点】

（1）明确项目工艺流程和技术方案。

（2）绘制专业、详细的工艺流程图。

（3）对照行业规划、准入条件、节能设计标准等，对项目采用的生产工艺方案进行评估，分析生产工艺方案是否节能。

（4）将本项目采用的生产工艺方案与行业内同类型项目的先进方案进行比较，分析在节能方面存在的差异，提出完善生产工艺方案的建议。分析本项目采用的生产工艺方案在行业内所处的地位（技术水平方面、能耗水平等方面）。

（5）对于扩建项目，评估是否能充分利用前期项目的基础设施和公共设施，避免重复建设。

（6）核算风力发电机组、低压电缆、升压变压器、集电线路、主变压器、无功补偿装置、场内高压联络线（可选）、高压海底电缆（可选）、高压电抗器（可选）等主要用能设备的能耗量，明确计算方法、计算过程、数据来源等。

（7）各项评估内容格式应按照：评估前…，评估认为（发现存在哪些节能方面的问题）…，评估提出…建议，评估后…调整为…（该建议写入节能评估报告即视为建设单位认可并采用该调整方案，对于没有采用的节能建议但评估单位认为很重要的，应放在第七章建议部分论述)。

(8) 对于项目采用的变压器等主要耗能设备，需与国家相关能效标准进行对标分析，评估能效水平（部分样表如表3-1)；明确设备应满足的能效水平。

表3-1 变压器能效水平对比表（样表)

设备名称	型号	损耗参数		评估依据	对标参数		评估结果
		空载损耗	负载损耗		空载损耗	负载损耗	
主变压器				《电力变压器能效限定值及能效等级》(GB 24790) 1级能效值			
风机升压变压器							
…							

(8) 对于目前没有相关能效水平标准的设备，应采取类比分析法，与近期投产类似项目相关设备的能效水平进行类比分析，或向设备生产厂商详细了解设备的能效水平，进而评估分析设备能效处于何种水平。

3.3 辅助生产和附属生产系统节能评估

对配电系统、暖通系统、照明系统、给排水系统、建筑、运行维护车辆等辅助生产和附属生产用能系统的技术方案、用能情况及先进水平进行评估。

列出各耗能设备型式、主要技术参数表等，对耗能设备能效水平进行评估，提出评估结论和建议。

【评估要点】

(1) 评估分析项目各辅助生产和附属生产用能系统（配电系统、暖通系统、照明系统、给排水系统、建筑等用能系统）方案是否节能。

(2) 将本项目采用的辅助和附属生产工艺方案与行业内同类型项目的先进方案进行比较，分析在节能方面存在的差异，提出完善生产工艺方案的建议。分析本项目采用的生产工艺方案在行业内所处的地位（技术水平方面、能耗水平等方面)。评估升压站、集控楼、生活楼等建筑是否符合国家及地方相关建筑节能标准、规范要求。

(3) 核算配电系统、暖通系统、照明系统、给排水系统的能耗量以及运行维护车辆的用油量，明确计算方法、计算过程、数据来源等。

(4) 内容格式应按照：评估前…．，评估认为（发现存在哪些节能方面的问题）…，评估提出…建议，评估后建设方案调整为…（该建议写入节能评估报告即视为建设单位认可并采用该调整方案，对于没有采用的节能建议但评估单位认为很重要的，应放在第七章建议部分论述)。

(5) 对于项目采用的站用变压器、通风机、水泵、电动机等通用电气设备，需与国家相关能效标准进行对标分析，评估能效水平（部分样表如表3－2、表3－3)；明确设备应满足的能效水平。

表3－2　变压器能效水平对比表（样表)

设备名称	型号	损耗参数		评估依据	对标参数		评估结果
		空载损耗	负载损耗		空载损耗	负载损耗	
站用变压器				《三相配电变压器能效限定值及能效等级》(GB 20052) 1级能效值			
备用站用变压器							
…							

表3－3　通风机能效水平对比表

设备名称	型式	技术参数	效率（%）	评估依据	评估结果
				《通风机能效限定值及能效等级》(GB 19761) 1级能效值（%）	
…	…		…	…	…

表 3－4　水泵能效水平对比表

设备名称	型式	技术参数	规定点效率值	评估依据	评估结果
生活水泵				《清水离心泵能效限定值及节能评价值》（GB 19762）节能评价值（%）	
…	…	…	…	…	…

（6）对于目前没有相关能效水平标准的设备，应采取类比分析法，与近期投产类似项目相关设备的能效水平进行类比分析，或向设备生产厂商详细了解设备的能效水平，进而评估分析设备能效处于何种水平。

（7）列出用能设备能效水平总表。

3.4　本章评估小结

4　节能措施评估

4.1　节能评估前项目采用的节能技术措施评估

【评估要点】

根据项目建设方案，重点突出项目在场区平面布置、工艺流程和主要生产性设备（风力发电机组、低压电缆、升压变压器、集电线路、主变压器、无功补偿装置、场内高压联络线（若有）、高压海底电缆（若有）、辅助生产和附属生产系统（配电、暖通、照明、给排水、建筑、运行维护车辆等）方面的具体的、突出的、有针对性节电、节油、节水措施，并测算其节能量。

包括节能新技术、新工艺、新设备、新材料应用，建筑围护结构及保温隔热措施等，并同时分析节能技术措施的合理性和可行性。

4.2 节能评估提出的节能技术措施

【评估要点】

依据项目节能评估提出的意见和建议，针对项目在节能方面存在的问题、可以继续提高的环节等，提出相应的节能措施或建设方案调整意见。提出的节能措施要有针对性、可操作性和合理的经济性。逐条详细论述节能措施技术方案、参数等，分析测算节能措施的节能效果、成本及经济效益。

汇总能评阶段节能措施对应的定量技术指标变化和节能效果。

4.3 节能管理措施

论述项目节能管理措施、能源计量等方面采取的措施与方案，并进行评估。

【评估要点】

（1）按照《能源管理体系要求》（GB/T 23331）、《工业企业能源管理导则》（GB/T 15587）等的要求，提出项目能源管理体系建设方案，能源管理中心建设以及能源统计、监控等节能管理方面的制度、措施和要求，包括节能管理机构和人员的设置情况等。

（2）按照《用能单位能源计量器具配备和管理通则》（GB/T 17167）等标准要求，评估项目能源计量器具配备情况，能源计量相关管理规定，编制能源计量器具一览表、能源计量网络图，提出能源统计及检测、计量器具配备、测点的布置、专业人员配置等要求。

4.4 本章评估小结

5 项目综合能耗和能效水平评估

5.1 节能评估前项目综合能耗和能效水平评估

依据相关规定、规范和标准的计算方法，核算节能评估前项目的年综合能源消费量、年综合能耗、场用电率、综合场用电率等指标。

5.2 节能评估后项目综合能耗和能效水平评估

（1）核算项目能源消费量和主要能效指标。依据项目节能评估提出的意见和建议、相关规定、规范和标准的计算方法，重新核算项目的年综合能源消费量、年综合能耗、场用电率、综合场用电率等指标。

表 5－1　节能评估前后项目能源消耗对比表（样表）

<table>
<tr><td rowspan="2">主要能源种类</td><td rowspan="2">计量单位</td><td colspan="2">评估前</td><td colspan="2">评估后</td><td rowspan="2">调整（后—前）(tce)</td></tr>
<tr><td>实物量</td><td>折标准煤(tce)</td><td>实物量</td><td>折标准煤(tce)</td></tr>
<tr><td>电力</td><td>万 kWh</td><td></td><td></td><td></td><td></td><td></td></tr>
<tr><td>汽油</td><td>t</td><td></td><td></td><td></td><td></td><td></td></tr>
<tr><td>新水</td><td>t</td><td></td><td></td><td></td><td></td><td></td></tr>
<tr><td>…</td><td></td><td></td><td></td><td></td><td></td><td></td></tr>
<tr><td rowspan="2">综合能耗</td><td rowspan="2">tce</td><td>当量值</td><td></td><td>当量值</td><td></td><td></td></tr>
<tr><td>等价值</td><td></td><td>等价值</td><td></td><td></td></tr>
</table>

（2）能源加工、转换和利用情况。根据《企业能量平衡网络图绘制方法》（GB/T 28749）和《企业能量平衡表编制方法》（GB/T 28751）分析项目能源加工、转换和利用情况。

5.3　项目能效水平评估

采用标准对照法、类比分析法、专家判断法等方法，通过与现行国家标准、行业标准、地方标准、产业政策规定、行业发布的权威数据或同类先进水平项目的数据进行能耗指标的对比分析，从而评估判断项目能耗指标达到同行业何种水平。

5.4　本章评估小结

6　项目能源消费及对所在地影响评估

6.1　项目能源供应及落实情况

项目电力（备用电源）、燃油、水等供应及落实情况。

6.2 项目对所在地能源消费增量的影响评估

根据项目所在地节能目标、单位地区生产总值能耗、地区生产总值、国民经济发展规划、能源发展规划等资料，计算项目所在地省、市两级能源消费增量预测限额。

计算项目综合能源消费量占所在地能源消费增量的比重，分析判断项目综合能源消费量对项目所在地能源消费的影响。

6.3 项目对所在地完成节能目标的影响评估

核算项目工业总产值和工业增加值。

根据项目综合能源消费当量值和等价值，计算单位工业增加值能耗和单位增加值能耗。

对比分析项目单位增加值能耗对项目所在地实现节能目标的影响。

6.4 本章评估小结

7 结论与建议

7.1 结论

参考以下内容进行总结。

（1）项目能源消费总量及结构；

（2）项目主要能效指标评估结果；

（3）项目综合能源消费量及对项目所在地能源消费的影响；

（4）项目单位增加值能耗及对项目所在地节能目标实现的影响；

（5）项目是否符合国家、地方和行业的节能相关法律法规、政策要求、标准规范；有无采用国家明令禁止和淘汰的落后工艺及设备；列出主要用能设备能效水平评估结果；

（6）项目采取的节能措施及效果评价。

7.2 建议

根据节能评估情况，指出项目在建设方案、节能技术和节能管理措施等方面存在的能评阶段无法解决的问题，或对能评阶段无法确定实施、但存在较大节能潜力的节能措施提出相关建议。

8 附件

1. 风电场总平面布置图
2. 升压站平面布置图
3. 集控楼平面布置图
4. 集电线路路径规划图
5. 电气主接线图
6. 场用电接线图